Un rebelle à la DST

Jean Lucat

avec la collaboration de Frédéric Ploquin

Un rebelle à la DST

Quinze ans d'affaires sensibles

PLON

www.plon.fr

92, avenue de France
75013 Paris
Tél. : 01 44 16 09 00
Fax : 01 44 16 09 01
www.plon.fr
www.lisez.com

Dépôt légal : avril 2024
ISBN : 978-2-259-31559-3
Mise en pages : Nord Compo

À Patricia, Carl et Sara

La police en uniforme n'était pas faite pour moi

Mon père, gaulliste convaincu, avait fait partie des corps francs pendant la guerre. Du côté de ma mère, ils étaient tous sympathisants du SFIO, autrement dit socialistes. Deux de mes oncles s'étaient illustrés dans la Résistance. Naturellement, la plupart de mes proches se sont engagés à gauche. Pour ma part, j'étais plutôt fasciné par Napoléon. Un jour, ce devait être en première, mon professeur d'histoire m'avait lancé : « Au sens sartrien du terme, vous êtes un salaud. » Un brin provocateur, je lui avais répondu : « Vous me permettez de le prendre comme un compliment, si c'est au sens sartrien. »

À l'époque, je passais ma vie à la cinémathèque ou dans les théâtres de l'Est parisien. Après deux années de droit, j'ai résilié mon sursis et fait mon service militaire au 8e RPIMa (régiment parachutiste d'infanterie de marine), à Castres, mais l'ennui m'a vite gagné. Entre la banque et la police, je n'ai pas hésité longtemps. Ai-je fait le bon choix ? J'aurais sans doute eu une plus belle carrière dans la banque, mais je ne regrette rien.

Devenu officier de police adjoint après trois mois de formation, j'ai intégré un commissariat parisien. Les seules personnes à peu près normales que je croisais venaient renouveler leur passeport. J'ai appris à taper à la machine à la vitesse d'une mitraillette, après avoir un peu abusé de la patience des plaignants. Le midi, on fermait la boutique pour aller manger au mess de la SNCF. On ne foutait pas grand-chose, en réalité. Les parties de tarot étaient sacrées, mais je préférais bouquiner. Sans compter qu'il y avait dans les rangs un réel problème d'alcoolisme.

J'ai vite compris que la police en uniforme n'était pas faite pour moi. J'ai repris mes études de droit. La DST (Direction de la surveillance du territoire) recrutait. C'est ainsi qu'en 1972, j'ai intégré la petite troupe chargée de traquer les espions soviétiques actifs sur le territoire français. Ce service mythique avait été monté de toutes pièces par Roger Wybot, épaulé par une vingtaine d'anciens du Bureau central de renseignements et d'action (BCRA), le service clandestin de la France libre pendant la Seconde Guerre mondiale. À leur époque, tu gagnais ou tu crevais. Les aspects moraux étaient secondaires. Les Alliés n'ont pas hésité à bombarder sept cents civils français dans le cadre de l'opération Fortitude pour faire croire que le débarquement aurait lieu dans le Nord-Pas-de-Calais. C'est à cette école que j'ai été formé, dans une ambiance digne de la série « Le Bureau des légendes ».

L'élection de François Mitterrand, en mai 1981, s'est traduite par la création d'une cellule élyséenne placée sous l'autorité de gendarmes qui devaient absolument prouver leur utilité et damer le pion à la police, dont se méfiait la nouvelle majorité socialiste. Ses chefs ont su convaincre le président de la République qu'un complot se tramait contre lui, un projet complètement fou : l'assassinat du chef de l'État. Alors que je menais mes propres enquêtes, j'ai été pris en filature, épié, écouté par des collègues des Renseignements généraux, les grands rivaux de la DST. Jusqu'à ce jour de 1984 où je me suis retrouvé à mon tour interrogé par mon propre service.

1

Premiers pas dans le contre-espionnage

Je suis entré à la DST en juillet 1972. Après mon service militaire, j'avais bénéficié d'une procédure qui permettait de commencer dans la police comme contractuel, avec l'obligation de me présenter au prochain concours d'OPA (officier de police adjoint), comme on appelait à l'époque les inspecteurs. J'ai d'abord passé un an et demi au commissariat de police Saint-Vincent-de-Paul, près de la gare du Nord, à Paris, où j'ai appris les rudiments du métier. Très vite, j'ai eu envie de voir autre chose. Après un peu plus de trois mois d'école dans l'ancien hôpital Beaujon, mon classement m'a permis de choisir cette affectation prisée. J'ai aussitôt été rattaché à la division du contre-espionnage, chargée de surveiller les activités des services soviétiques, le KGB et le GRU, sur le territoire français.

J'étais tout jeune inspecteur lorsque j'ai été choisi pour accompagner un policier confirmé à la Centrale de Melun. La mission consistait à réceptionner un personnage sensible du nom de Peter Kranick et à le conduire jusqu'à l'aéroport du Bourget, où l'attendait un avion de l'Aeroflot (la compagnie russe). Enrôlé par les services secrets de la RDA, il avait été arrêté en France en juin 1966 pour avoir fait embaucher sa compagne Renée Levin, dactylographe, par l'OTAN, une cible de choix du bloc soviétique.

Nos chefs se méfiaient des réactions de l'espion allemand, raison pour laquelle ils m'avaient désigné : ceinture noire de judo, sport que je pratiquais régulièrement à l'époque, j'étais censé pouvoir intervenir en cas de souci.

Pourtant, l'attitude de Kranick n'a pas été hostile. Durant le trajet, il s'est montré sous un jour aimable, visiblement heureux de sortir de prison. Au Bourget, il a été pris en charge par des policiers qui l'ont conduit jusqu'à la salle d'embarquement, où l'attendaient des agents de l'ambassade. Mon collègue a remercié les deux motards CRS qui nous avaient ouvert la voie avec une dextérité d'acrobates. Plus tard, j'ai appris que Kranick avait servi dans les rangs de la Légion étrangère, avant d'être recruté par la section presse du gouvernement militaire français à Berlin-Ouest. C'est à la faveur d'un accident de la circulation, alors qu'il rendait visite à sa mère à Berlin-Est, qu'il avait été « tamponné » par le camp adverse.

La plupart de mes nouveaux collègues avaient l'âge de mon père. Ils avaient connu la dénazification, puis la guerre d'Algérie. Ils exerçaient facilement sur les jeunes leur autorité morale et nous buvions leurs paroles comme du petit-lait. J'écoutais ainsi religieusement l'un d'eux énoncer pour ma gouverne ce qu'il appelait la « règle des trois B », morte avec le XXe siècle : « D'un voyou, tu peux accepter tout ce qui se boit, se bouffe et se baise. En revanche, n'accepte jamais une voiture, ni une villa. » Je comprends vite qu'il me faudra acquérir une certaine épaisseur culturelle si je veux m'imposer dans le contre-espionnage, et me mets à lire *Le Monde* tous les jours.

L'ambiance est assez particulière dans le service, surtout après le commissariat. Le cloisonnement est roi. On ne pose pas de questions. On reçoit des ordres et on les exécute sans discuter. Je partage mon bureau avec un inspecteur divisionnaire chevronné,

Pierre Levergeois, qui restera un ami jusqu'au bout. Ce collègue a une particularité : écrivain, il est l'auteur de plusieurs livres dont l'un, *Les Fils du lion* (L'Orme rond, 1986), raconte sa jeunesse et son périple à travers la France après le déclenchement de la Seconde Guerre mondiale. Il est membre de l'Association des écrivains combattants, fondée après la Grande Guerre par José Germain avec plusieurs dizaines d'auteurs survivants (dont Roland Dorgelès ou Maurice Genevoix).

Notre mission consiste à détecter les agents soviétiques présents sur le territoire, leurs relais et leurs informateurs. Comment démasquer un espion ? Par quel bout commencer ? Au début, j'apprends en tirant les fils les plus évidents, c'est-à-dire en surveillant les Soviétiques qui ont obtenu un visa pour la France. Nous avons plusieurs options : les convoquer au service ou nous rendre auprès d'eux pour échanger sur leur situation.

Mon premier cas est un ancien combattant russe venu se faire soigner en France. Je me rends directement à son hôtel. La patronne m'indique le parc des Buttes-Chaumont, tout proche, où le monsieur passe ses matinées. L'ayant rejoint, je m'assieds à côté de lui sur le banc et engage la conversation.

Il me raconte ses batailles, nombreuses, et les souffrances qu'elles ont engendrées. Si c'est ça, un espion du KGB, je ferai mieux de changer de métier. Mais ce genre d'enquête est formatrice.

J'apprends les bases de l'« esprit DST ». Être un peu tordu n'est pas interdit, et même recommandé. Ne pas tout dire est essentiel à l'heure de mener un interrogatoire, auquel il convient d'être le mieux préparé possible. Tout l'art consiste à obtenir l'information de la bouche de la personne sur le gril sans qu'elle sache précisément ce que l'on cherchait. Une fois ces éléments récupérés, il convient de continuer à poser des questions comme si de rien n'était. Des interrogations anodines d'abord, pour libérer la parole, puis la question piège, sur le même ton aimable. Il ne faut rien laisser paraître.

L'usage de la violence est proscrit dans le service, l'idéal étant même de ne jamais s'emporter verbalement. Quitte à s'engueuler, mieux vaut le faire quand on glisse une nouvelle page dans la machine, pour que la colère soit retombée au moment où la personne est invitée à signer au bas de la page. La DST a l'avantage d'être compétente sur tout le long de la chaîne, depuis le recrutement des informateurs jusqu'au traitement de la procédure, et d'être seule compétente en matière de contre-espionnage. Un immense confort.

Mon voisin de bureau, Pierre Levergeois, se voit un jour confier une enquête autrement plus importante : le suivi d'un haut fonctionnaire français affecté au ministère des Affaires étrangères, et dont les relations avec les services soviétiques sont plus que troublantes. Notre chef de division me demande de l'assister, ce qui me ravit. Le présumé agent de Moscou est placé sur écoute. Tous les matins, Pierre déchiffre la production et me donne une liste de personnes apparues au fil des conversations. À charge pour moi de les identifier. Je puise dans les différents fichiers de la police, cours dans tout Paris pour vérifier la pertinence des adresses. Nous convoquons certains d'entre eux au service, et c'est là que la science de mon collègue de bureau intervient. Il s'agit de conduire l'audition du suspect sans dévoiler nos cartes. La personne interrogée ne doit pas déceler la raison de sa convocation. L'échange se déroule de la façon la plus détendue possible, parce que c'est de cette façon que l'on apprend généralement le plus de choses.

L'enquête a duré un certain temps, l'urgence étant toute relative dans ces matières, jusqu'au moment fatidique : il fallait convoquer le haut fonctionnaire au service pour lui demander des explications. Les choses ne se passèrent cependant pas comme prévu. Soit l'individu bénéficiait des plus hautes protections, soit son ministère a préféré éviter le scandale. Toujours est-il que la DST n'a pas obtenu le feu vert pour entrer en contact avec lui. Pierre Levergeois en a été totalement dépité. Sa déception fut telle qu'il a même demandé à quitter la division du contre-espionnage. Muté dans un service purement administratif, mon charmant voisin de bureau a consacré son temps à la rédaction d'un nouvel ouvrage dont il avait déjà le titre en tête : *J'ai choisi la DST* (Flammarion, 1978). Un clin d'œil au récit publié par Viktor Kravchenko, transfuge dont la publication avait donné lieu à un procès retentissant et qui en avait tiré un livre, *J'ai choisi la liberté* (Self, 1947). Pour parfaire le tableau, Pierre a confié la confection de la couverture de son ouvrage à Mikhaïl Chemiakin, un peintre russe réfugié en France.

2

Les méthodes du KGB

Mon collègue parti, mes chefs m'attribuèrent la surveillance de la fameuse agence de presse soviétique Tass (l'Agence télégraphique de l'Union soviétique). Je fais ainsi connaissance avec le milieu journalistique et les services de presse qui servaient de faux-nez à Moscou.

Dans ce cadre, je convoque un jour au bureau une jeune Soviétique mariée à un Français. Loin des échanges que j'avais pu avoir avec des délinquants au commissariat Saint-Vincent-de-Paul, comme jeune flicard, notre conversation dérive sur l'histoire de la Russie. Cette femme en sait beaucoup plus que moi sur le sujet, ce qui n'était pas difficile. Conscient de mes insuffisances – et un peu vexé –, je me tourne vers l'Institut supérieur du travail, que j'ai commencé à fréquenter. Je suis mis en relation avec Branko Lazitch, un grand intellectuel serbe réfugié en France, qui m'oriente vers plusieurs ouvrages. Une liste de lectures complétée par des entretiens avec d'autres membres de l'Institut, comme Claude Harmel, fin connaisseur de l'histoire de la IIIe et de la IVe République. Ces savants, véritables puits de science, tous disparus aujourd'hui, m'ont généreusement fait profiter de leurs connaissances. De quoi faire un peu le poids lors de mes interrogatoires à la DST.

Le métier de contre-espion est fait de rencontres. Les écoutes téléphoniques et les sources humaines permettent d'identifier des gens en lien avec des diplomates, des membres de la mission commerciale ou des journalistes soviétiques. Le matin, lorsque je pars au bureau, je me demande toujours de quelle nature seront les contacts que je nouerai dans la journée. C'est une découverte permanente. Je rencontre des personnes de toutes origines, exerçant toutes sortes de professions. Les entretiens s'enchaînent et je me sens moins démuni qu'à mes débuts. J'apprends énormément de choses dans tous les domaines. Le jeu consiste à détecter les personnes qui accepteront de nous aider dans l'identification des agents russes en activité sur notre territoire, une perspective qui peut être inquiétante pour mes interlocuteurs.

Tous les profils peuvent être concernés, comme ce peintre que nous savions en relation avec un membre de l'ambassade soviétique, mais que nous ne parvenions pas à identifier. Je décide de contourner l'obstacle et de rendre visite à un ingénieur en poste dans une grande société française, lui aussi en relation avec l'artiste. Face à lui, je ne tergiverse pas et lui demande de m'aider. L'ingénieur bredouille qu'il s'agit d'une affaire « très confidentielle » et qu'il ne peut pas me répondre. Je balance alors le nom de ce peintre que je ne suis pas censé connaître. Visiblement estomaqué, il me renvoie la question : « Mais comment pouvez-vous le savoir ? — C'est marqué derrière vous. » Il se retourne et se penche sur la toile accrochée au mur dans son dos. J'avais supposé que le peintre étant son ami, il lui en avait fait cadeau. Il avait juste oublié qu'elle était dûment signée. Il me fixe à nouveau, cette fois avec un grand sourire. La glace est rompue. Une demi-heure plus tard, je le quitte en sachant tout ce que je devais savoir.

Une partie de notre job consiste à recruter des informateurs réguliers, assez bien placés auprès de l'adversaire pour nous être utiles. L'un des tout premiers que je réussis à « accrocher » est un juif russe qui a vécu la révolution de 1917 à Moscou. Lorsque nous évoquions les événements de Mai 68, encore tout frais dans nos esprits, il partait dans un franc éclat de rire. La révolution bolchevique avait été un tout autre cataclysme, quelque chose qui vous marque pour la vie. Les comités de quartier rentraient dans les appartements et comptaient les manteaux, les paires de chaussures, les chemises. Ils ne laissaient aux gens que le minimum, me raconte-t-il. Ils embarquaient tout le reste pour le distribuer. Pas question de protester, ou on risquait d'être passé par les armes.

Ce juif russe était marié avec une femme bien plus jeune que lui qui ne me voyait pas arriver d'un bon œil dans leur boutique. Il me conduisait en effet tout de suite vers leur appartement, où il avait préparé une bouteille de vodka, du caviar, des sprats de Riga et du pain de campagne. Et nous faisions bombance pendant qu'il me tenait au courant des derniers potins. La bouteille terminée, je revenais au service. J'avais souvent un peu de mal à rédiger le rapport d'entretien. Toujours riche.

Je me suis également rapproché du cadre commercial d'une grande entreprise française qui se rendait régulièrement à Moscou pour affaires.

Grand amateur de femmes, comme on dit, il profitait de chaque voyage pour vivre une nouvelle aventure. À l'époque, l'agence Intourist avait le monopole des réservations et orientait les visiteurs vers les cinq ou six hôtels internationaux de la capitale russe. Mais il disposait d'une interprète qui le conseillait bien et lui permettait de découvrir des aspects méconnus de la vie soviétique dont il me faisait profiter une fois de retour en France.

C'est lui qui me permit de rédiger une note sur les méthodes de ces jeunes femmes qui envahissaient les hôtels internationaux, bien entendu sous le contrôle du KGB. Elles étaient une bonne vingtaine par établissement et tournaient régulièrement. Je ne dirai pas comment elles s'y prenaient pour entrer en contact avec les Occidentaux, mais c'était toujours très astucieux et élégant. Leur principale préoccupation était de faire la bonne rencontre et d'aller mener une vie heureuse à l'Ouest. Elles n'étaient pas des « prostituées » au sens classique du terme. Souvent très jolies, elles étaient toutes bilingues ou trilingues et d'un niveau intellectuel élevé. Mais le KGB savait très bien ce qu'il faisait. L'un des pièges favoris du service consistait à coincer le visiteur au domicile d'une fille. Elle le faisait venir chez elle, puis le mari débarquait à point nommé et appelait la police. À partir de là, le visiteur était directement tamponné. On lui disait : « On vous sort de ce mauvais pas si vous travaillez pour nous. » Il arrivait que cela fonctionne.

*

Au jeune inspecteur que j'étais revint un jour cette mission délicate, avec le sourire des anciens. Il s'agissait de rendre à sa propriétaire, épouse d'un diplomate soviétique, le sac à main qu'elle s'était fait voler, ou avait perdu à l'occasion d'un déplacement en province. L'objet s'était retrouvé à la préfecture du département, où la DST locale l'avait étudié avant de le renvoyer à Paris. Difficile de le livrer directement à l'ambassade. Ma tâche consistait à le déposer au ministère des Affaires étrangères avec instruction de faire en sorte que la DST n'apparaisse pas dans le décor.

En étudiant l'organigramme de la préfecture, je découvre l'existence de postes réservés à des fonctionnaires victimes d'accidents dans le cadre du service. Je décide de me dissimuler derrière cet élément. Le chauffeur de la division me dépose devant le quai d'Orsay. J'entre seul dans le bâtiment, et raconte ma petite histoire à mon interlocuteur : le sac d'une diplomate a été envoyé à la préfecture, où je suis employé pour livrer des plis au ministère de l'Intérieur. Je donne un nom repéré au hasard dans l'organigramme, inquiet à l'idée que l'on me demande ma carte d'identité. Je finis par être présenté à un diplomate devant lequel je renouvelle mon récit. Mon insistance à réclamer un reçu finit par l'énerver, mais je veux absolument rapporter une preuve écrite aux responsables de mon service. Il consent à me donner ce document, en espérant probablement se débarrasser de moi au plus vite. Une fois dehors, je respire un grand coup.

S'inventer une légende allait devenir une seconde nature. Un jour, j'ai appris que l'une des secrétaires de l'agence soviétique dont j'assurais le suivi avait été hospitalisée dans une clinique parisienne. J'ai décidé de monter avec mes supérieurs un petit subterfuge. Je me suis rendu à son chevet et lui ai raconté, en présence de sa fille, que j'avais récemment voyagé à Bruxelles. Là-bas, j'avais rencontré l'un de ses collègues, un homme dont je savais qu'il était plutôt extraverti et qu'il avait récemment quitté la France pour la Belgique.

Lorsque cette femme reprend son travail, je l'appelle, évidemment sous un autre nom que le mien, et nous déjeunons ensemble. La légende a parfaitement fonctionné. Nous nous rencontrons plusieurs fois et j'apprends à la connaître. Problème : son attachement à l'Union soviétique est tel qu'il n'est pas envisageable de tenter un recrutement pérenne.

Au bout de deux mois, elle s'envole pour un séjour d'une semaine à Moscou, où elle est censée croiser le Soviétique que j'avais prétendument rencontré. Je suis un peu inquiet qu'elle ne découvre la supercherie. Je prends cependant le risque de la revoir. Le repas se déroule normalement. Elle a raconté mon histoire à son ami russe, qui a rencontré tellement de gens, notamment dans des cocktails bien arrosés, qu'il ne se souvenait plus de moi. Finalement, malgré l'insistance de quelques supérieurs, qui souhaitaient que j'entre un peu plus dans l'intimité de cette femme, je freine, convaincu que cela ne débouchera sur rien. Si j'avais noué une relation plus approfondie, il aurait fallu ensuite y mettre un terme. Ce moment peut s'avérer douloureux pour celle qui s'aperçoit qu'elle a été trompée, et je ne lui voulais aucun mal.

3

Six jours de garde à vue

L'ennemi nous aide parfois, généralement malgré lui. Ainsi, lorsque cet ancien espion soviétique transmit aux services américains des informations qui nous concernaient directement. Le réseau Fabiev, comme nous l'avons appelé, avait été automatiquement mis en sommeil lorsqu'un groupe de collègues s'est mis sur lui, dans le plus grand secret. Je n'ai moi-même été mobilisé que le jour du coup de filet. Le principal suspect devait être interpellé à l'aéroport d'Orly, juste avant qu'il ne s'envole pour un voyage d'affaires à l'étranger. La mission que me confie ce jour-là notre chef, Raymond Nart, consiste à me placer juste derrière cet individu dans la queue vers le comptoir d'enregistrement, afin de stopper une éventuelle fuite.

Je tiens à l'œil cet homme dont je sais qu'il vit ses dernières minutes de liberté avant de très longues années de prison. Je suis à moins d'un mètre de lui au moment où il atteint le poste de contrôle de la police aux frontières. Le gardien de la paix fait le signe convenu pour alerter mes deux collègues chargés de l'interpeller. Découvrant qu'il est piégé, l'homme recule et me tombe dans les bras. Je le tiens, et n'ai plus qu'à le repousser vers mes collègues.

La veille, lors de la réunion préparatoire, Raymond Nart nous avait confié que notre jeune âge nourrissait chez lui quelques inquiétudes. À raison sans doute. Lui-même devait avoir la quarantaine et nous, ses inspecteurs, avions tous la trentaine. La suite des évènements l'a rassuré. Nous nous sommes divisés en plusieurs équipes pour procéder aux cinq interrogatoires des suspects. Agissant sous le contrôle de la Cour de sûreté de l'État, nous avons été très pointilleux sur la procédure. Mon équipe était en charge du membre le plus âgé du réseau, un homme coriace qui a été le dernier à parler, au quatrième jour d'une garde à vue qui pouvait en compter jusqu'à six. Nous lui avons fait raconter sa vie de long en large, cherchant un biais pour arriver à ses contacts avec les Soviétiques, poussant l'avantage à chacune de ses contradictions. Nous n'y croyions presque plus lorsqu'une fin de journée, il s'est mis à évoquer une compétition de parachutisme à Vichy. Une équipe soviétique y participait, elle avait d'ailleurs gagné la coupe – dans les années 1970, les Soviétiques alignaient des équipes de très haute qualité dans les compétitions de parachutisme civil. À partir de là, il nous a fallu deux heures pour lui faire dire qu'un membre de l'ambassade de Russie était présent à cette compétition et que cet homme lui avait proposé de le ramener à Paris. Il s'agissait bien sûr d'un représentant du KGB ou du GRU. Ce fut le début d'une trahison qui s'était étalée sur de très longues années.

Les transfuges se dirigeaient naturellement vers la CIA, qui disposait de moyens puissants pour les débriefer et leur permettre de refaire leur vie aux États-Unis. Nos alliés nous ont bientôt transféré un nouveau dossier, celui d'un journaliste pigiste qui avait travaillé en Asie. Il avait été signalé pour ses contacts avec des diplomates soviétiques dans cette région. La DST l'a placé sur écoute et surveillé pendant un certain temps, sans que rien de significatif n'apparaisse. Mon collègue et moi-même nous sommes vus confier le soin de le convoquer. Nous commencions à former une bonne équipe d'interrogateurs.

À travers toutes les surveillances préalables et l'étude des dossiers, nous nous forgions une image de la personne que nous allions rencontrer. Mais quand elle était devant nous depuis plusieurs heures, l'image que nous en avions correspondait rarement à la réalité. C'est encore ce qui s'est produit avec ce journaliste.

L'homme a été interpellé un matin par une équipe de la division de surveillance, avant d'être conduit dans l'une de nos salles d'interrogatoire. L'aspect des lieux n'était pas très réjouissant puisqu'ils se situaient dans les caves d'un immeuble haussmannien du 8e arrondissement, non loin du ministère. Rien ne permettait de déceler que l'on se trouvait dans un local de police, et l'on ne se privait pas de jouer, à l'occasion, de cette ambiguïté, notamment avec des suspects palestiniens qui se demandaient s'ils n'étaient pas tombés aux mains des Israéliens qui pourraient les achever dans une forêt pour solde de tout compte. Lorsqu'on les rassurait, leur parole avait tendance à se libérer : avec les services français, ils étaient sûrs de s'en sortir vivants.

Au début, notre journaliste-pigiste nie avec constance tout contact avec des diplomates soviétiques. Nous avions l'habitude, ce n'était pas le premier cas de ce genre que nous avions à traiter. L'entretien a débuté vers 9 heures du matin. Au moment du déjeuner, nous faisons monter des plateaux-repas de la cantine du ministère et poursuivons à bâtons rompus une conversation pas si innocente. Ce n'est que vers 17 heures qu'il montre des premiers signes de fatigue. Petit à petit, nous l'amenons à faire des déclarations sur procès-verbal dont nous savons qu'elles le mettront en grande difficulté lorsqu'il se retrouvera devant un juge d'instruction. C'est une technique que nous utilisions souvent et nos interlocuteurs n'étaient pas dupes : l'épreuve qu'ils subissaient avec nous n'était que la première d'une série qui se terminerait, dans le meilleur des cas, devant le tribunal.

Notre surprise est totale lorsque le journaliste lâche un numéro de téléphone qu'il connaît par cœur et nous demande de contacter le commandant X. Pas besoin d'en savoir plus pour comprendre qu'il est en réalité un informateur de l'autre service de renseignement français, le SDECE (Service de documentation extérieure et de contre-espionnage), ancêtre de l'actuelle DGSE (Direction générale de la Sécurité extérieure). Nous rendons compte immédiatement de cette nouvelle donne à la direction de notre division. Raymond Nart se rend aussitôt au siège de la « piscine », comme on l'appelle, pour évoquer le cas avec nos homologues. Il en revient accompagné d'un lieutenant-colonel.

Entretemps, le journaliste s'est inquiété de savoir s'il était pris en étau dans une forme de guerre des services et s'il devait craindre d'en faire les frais. Nous l'avons rassuré, et la conversation a bifurqué vers ses expériences professionnelles et ses multiples voyages. À peine voit-il le lieutenant-colonel entrer qu'il se plaint de ne pas avoir été entraîné à subir ce genre d'interrogatoire. Il suggère dans la foulée que ce désagrément devrait lui valoir une petite rétribution supplémentaire, signe qu'il n'a pas perdu sa boussole.

Les interrogatoires que nous menions à l'époque étaient, il est vrai, une épreuve physique et psychologique, et pas uniquement pour le gardé à vue. Nous étions généralement deux à poser des questions, un nombre suffisant – à trois, cela prenait très vite une allure de tribunal du peuple. De préférence, je m'associais lors de ces exercices à un collègue avec lequel je m'entendais bien, pour éviter que la personne interrogée puisse déceler la faille ou jouer de nos désaccords. Le soir, souvent très tard, il fallait s'assurer que la personne passe une nuit tranquille, de façon plutôt artisanale car le service n'avait rien d'un hôtel. Puis nous rentrions chez nous, souvent en banlieue, pour reprendre le fil assez tôt le lendemain matin.

4

Carte blanche

Le client suivant est un industriel français. Lui aussi livré sur un plateau par les Américains, avec les noms de ses contacts parmi les agents de Moscou et les dates auxquelles les rencontres avaient eu lieu. Il se défend comme un diable. Vu l'importance du personnage, le commissaire Raymond Nart assiste personnellement aux interrogatoires.

Comme à chaque fois, un étrange climat s'installe entre cet homme et nous. Il fait tout pour en lâcher le moins possible, tout en se demandant quel niveau d'information il doit fournir pour qu'on le laisse en paix. De notre côté, nous cherchons à deviner la teneur de ce qu'il pourrait nous révéler. Le procureur de la Cour de sûreté de l'État ne nous interrompt que deux fois en six jours, pour la prolongation de la garde à vue. Nos échanges avec le magistrat sont des plus courtois. Je ne pense pas que nos successeurs entendent souvent, aujourd'hui, le procureur leur dire : « Dans cette affaire, que désirez-vous, Monsieur le Divisionnaire ? » D'une certaine façon, nous avions carte blanche.

Durant les premières joutes, la position de l'industriel est claire : de sa vie, il n'a jamais rencontré un seul Soviétique. Après plusieurs journées, il finit par reconnaître les faits et les noms, et valide même l'ordre chronologique fourni par la CIA. Les justifications qu'il nous sert nous semblent fallacieuses, mais elles pourraient permettre à un bon avocat de le défendre devant le tribunal, le jour venu.

Cet industriel n'est pas entré par hasard en contact avec les Soviétiques. Le KGB disposait de remarquables recruteurs qui savaient repérer les profils prometteurs. Dans les diverses sociétés où il avait travaillé, notre homme avait participé comme patron de bureau d'études à divers appels d'offres nationaux et internationaux. Dans ces cas-là, lorsqu'elle n'était pas choisie, toute l'équipe qui y avait participé pouvait aller chercher du travail ailleurs, ce qui s'était produit à deux ou trois reprises dans sa carrière. Déçu et amer, cet homme avait été amené à rencontrer des « ingénieurs » soviétiques compétents dans le même domaine que lui. Il avait entamé avec eux des conversations techniques innocentes, qui avaient ensuite dérivé vers des échanges d'informations beaucoup plus compromettantes.

Quand on découvre et que l'on comprend les cheminements qui poussent un homme à commettre ce genre d'actes, on n'est plus tout à fait dans la répression à tout prix. À l'exception de quelques éclats de voix, il n'y avait pas d'agressivité dans nos auditions. Elle pouvait parfois être simulée pour tester notre objectif, mais ça n'allait pas bien loin. Le but d'un service de renseignement est d'obtenir des informations, et donc de recruter des sources, que l'on ne retourne pas par la violence. Si la première approche échouait, on se réservait la possibilité de revenir à la charge dans un futur proche.

Avec cet industriel, c'était trop tard pour imaginer une suite de cet ordre. Il était grillé. Nos procès-verbaux nous auraient permis de l'envoyer devant la justice, mais notre chef de division a eu la sagesse d'opter pour une remise en liberté. La Cour de sûreté nous laissait la bride assez large. La règle consistait à ne leur soumettre que des cas parfaitement ficelés et celui-ci ne l'était pas tout à fait. Le KGB savait que nous savions, le dossier était donc clos. L'homme était neutralisé.

J'ai été chargé de le ramener chez lui, une belle villa dans la vallée de la Bièvre. Son avocat avait pris contact avec le service – à l'époque, il n'était pas question qu'un avocat rencontre son client durant la garde à vue – et savait parfaitement de quoi il retournait, contrairement à sa famille, qui vivait depuis plusieurs jours un véritable drame.

Lorsque nous sommes arrivés dans son jardin et que nous avons commencé à sortir ses affaires du coffre de la voiture, j'ai vu à travers la baie vitrée sa femme et ses deux filles en larmes, flanquées d'un homme qui devait être leur avocat. L'industriel m'a aimablement invité à prendre un café, mais j'ai refusé, lui rappelant qu'il venait de terminer un long interrogatoire et qu'il allait en commencer un autre, autrement plus délicat.

*

L'espionnage peut faire des ravages, il frôle parfois aussi le dérisoire. Ce fut le cas avec cet homme chargé du service des photocopies dans une grande organisation internationale. Les Américains assuraient qu'il en faisait profiter les services soviétiques. Les surveillances et les écoutes n'ayant rien donné, décision est prise de l'interroger en garde à vue. La description qui a été faite du personnage – macho, directif – se révèle une nouvelle fois fausse. Après une vingtaine de minutes d'audition un peu ferme, il passe aux aveux. Les surveillances n'ont rien donné parce qu'il ressortait de chez lui vers 22 heures, lorsqu'il apercevait sur un poteau électrique proche de son domicile le signe convenu avec ses officiers traitants. Il prenait alors sa voiture et allait livrer à son contact, en proche banlieue, le paquet de photocopies empilées dans sa serviette. Mais le plus surprenant était le profil « père tranquille » de cet homme. Son seul malheur était d'avoir une ascendance russe et d'avoir rencontré sur son chemin l'un des recruteurs du KGB.

Lorsque nous lui demandons combien le KGB le rémunérait, il nous annonce une somme ridicule. Devant notre étonnement, il nous confie que cet argent lui a permis de s'acheter une perceuse et le bois pour les étagères que nous avons vues dans sa maison de campagne. Il savait qu'il allait être condamné. Alors que nous rédigions les procès-verbaux, il s'inquiétait de ses futures conditions de vie en prison. Pourrait-il faire de la menuiserie ? « Oui, c'est possible. — Ah, je voudrais déjà y être ! C'est toute cette histoire de procès qui m'ennuie », nous confie-t-il.

Au moins, nous ne nous étions pas déplacés pour rien, contrairement à ce jour où nos collègues de l'ex-DPSD (Direction de la protection et de la sécurité de la Défense) nous ont aiguillés vers un homme censé prendre des cours d'espionnage dans les locaux de l'ambassade soviétique, à Paris. Interpellé à la sortie de son travail, l'homme nous explique rapidement que la femme qui l'a dénoncé n'est autre que sa belle-mère, mécontente d'avoir appris qu'il menait une double vie. Pour expliquer ses absences, ce fan de romans d'espionnage et collectionneur de SAS n'avait trouvé rien de mieux que de dire à son épouse qu'il devenait espion pour le KGB. Elle l'avait pris au sérieux. Lui s'en est tiré avec un sermon pour les heures qu'il nous avait fait perdre.

5

Carlos et la tuerie de la rue Toullier

27 juin 1975. Je viens de regagner mon domicile de Livry-Gargan, en Seine-Saint-Denis, ce vendredi soir, lorsque des gardiens de la paix du commissariat de police voisin viennent sonner à ma porte. Nous étions installés depuis peu dans cet appartement et je n'avais pas encore le téléphone. Je devais rejoindre mon service de toute urgence.

J'ai pris le volant de ma 2 CV et roulé jusqu'au 13, rue des Saussaies, où se trouvaient à l'époque les locaux de la DST – mon bureau était au premier étage, celui des CARU (la section chargée de l'URSS). Le service était en effervescence. Un malheur venait de frapper la toute récente division antiterroriste. On parlait de trois morts, deux collègues et un commissaire de police grièvement blessé.

Dans la confusion, mon chef de section m'engage à le suivre. Direction l'hôpital Cochin, à Paris. Où nous veillons toute la nuit au chevet de l'un de nos collègues, le commissaire divisionnaire Jean Herranz. Une balle lui a traversé le cou. Il vient d'être opéré, apparemment avec succès. L'équipe de nuit a tendu des rideaux autour du lit pour nous garantir la discrétion. Émergeant de son anesthésie, il parvient à nous donner des bribes d'information. Chaque fois que l'une d'elles nous semble exploitable, je cours jusqu'à une cabine téléphonique de l'hôpital et rends compte à l'un de nos chefs, le commissaire divisionnaire Alain Modat.

Le lendemain matin, l'équipe de jour nous prie de laisser le malade tranquille. Notre collègue n'a de toute façon plus rien d'urgent à nous dire et sa famille ne va pas tarder à arriver. De retour à la DST, Raymond Nart m'envoie auprès du sous-directeur, Désiré Parent, et nous prenons le chemin de la rue Toullier, non loin de la Sorbonne, où s'est produite la fusillade. Le personnel de l'Institut médico-légal vient d'enlever les corps. Trois grosses flaques de sang coagulé larges d'une trentaine de centimètres et épaisses de trois ou quatre centimètres signalent l'emplacement des cadavres de l'inspecteur divisionnaire Raymond Dous et de l'inspecteur Jean Donatini, nos deux collègues, et de Michel Moukharbal, un étudiant appartenant au FPLP (Front populaire de libération de la Palestine). On devine encore l'empreinte de leurs têtes. Dous était un ancien, mais Donatini était issu de la promotion d'inspecteurs qui avait précédé la mienne – j'ai appris plus tard qu'il appartenait à la famille d'un producteur de champagne de Troissy, dans la Marne, où mon père se servait depuis de longues années.

Avec Désiré Parent, nous passons l'appartement au crible, à la recherche d'éléments susceptibles d'orienter les investigations. À l'aide d'un escabeau, je fouille des coffres installés sous le plafond.

Pour les interrogatoires, nous sommes à nouveau répartis en équipes. Avec un collègue, nous prenons en charge l'un des ressortissants vénézuéliens qui se trouvait dans l'appartement lors de la tuerie. C'est la première fois que je suis confronté à des interrogatoires menés sans relâche 24 heures/24, mais les circonstances l'exigent. Une équipe de nuit prend le relais auprès de notre « client » le soir venu, avec pour mission de veiller à ce que notre témoin reste apte à la discussion pour le lendemain matin.

Ce garçon est un étudiant imprégné de marxisme. Plutôt serein et calme, il semble sincèrement abasourdi et choqué de s'être retrouvé au milieu de cette fusillade. Il craignait que nous utilisions les mêmes méthodes que la police vénézuélienne, qui n'était pas tendre avec les marxistes : à Caracas, lors d'un interrogatoire, des policiers avaient joué à la roulette russe sur sa tête et il en conservait un souvenir modérément agréable. Fort heureusement pour lui, nous n'avons pas ce genre de pratiques à la DST. Mais nous avons le temps pour nous et tout le loisir d'étudier son profil psychologique, tout en procédant à quelques vérifications sur les éléments qu'il nous fournit au fur et à mesure.

Nous avons vite compris que cet étudiant sud-américain n'avait rien à voir avec les réseaux terroristes que les Palestiniens et divers autres groupes arabes mettaient en place à cette époque en Europe. Lui-même se rend à l'évidence au fil des heures : convaincu de l'absence de toute hostilité de notre part, il accepte de nous raconter en détail le déroulement de l'après-midi.

L'appartement de la rue Toullier était loué par deux étudiantes vénézuéliennes. Avec un autre camarade de la fac, il était venu passer l'après-midi chez elles. Ils avaient fêté la fin de l'année universitaire en buvant du whisky et en mangeant des tapas, le tout en jouant de la guitare et en chantant. Le lendemain matin, ils devaient tous les quatre prendre un avion et s'envoler pour des vacances d'été au pays, chacun chez sa famille respective. Un autre homme les a rejoints, Vénézuélien lui aussi. Il avait pensé qu'il s'agissait d'une connaissance des filles, ce qui était exact : Ilich Ramirez Sanchez, qui serait plus tard connu sous le pseudonyme de Carlos, connaissait les deux jeunes femmes. Il passait régulièrement la nuit chez elles, en toute tranquillité, puisqu'elles n'étaient pas fichées comme activistes. Il s'y sentait à l'abri.

Lui et ses amis ont été surpris lorsqu'en fin d'après-midi, deux hommes sont apparus dans l'embrasure de la porte, se présentant comme appartenant à la police française : le commissaire divisionnaire Herranz et l'inspecteur divisionnaire Dous. Les étudiants ont vite compris qu'Ilich Ramirez était l'objet de l'intérêt des policiers, sans comprendre de quoi il retournait. Le ton est monté entre les fonctionnaires et lui. Puis les étudiants ont vu l'un des policiers, Raymond Dous, sortir et revenir avec deux autres personnes, en l'occurrence notre collègue Jean Donatini et un inconnu au profil arabe : Michel Moukharbal, interpellé quelques jours plus tôt par la DST.

La conversation s'est poursuivie entre Ilich Ramirez et les policiers. La tension est retombée. Personne ne s'est remis à chanter, mais des verres de whisky ont été servis aux visiteurs, qui ont allumé une cigarette ou un cigare. À un moment, alors que la discussion battait son plein, celui que le monde entier allait apprendre à connaître sous le nom de Carlos s'est levé pour se diriger vers la salle de bains, au fond de cet appartement composé d'une grande pièce meublée d'un lit, de canapés et d'une table basse, avec une cuisinette à l'entrée. Notre témoin a entendu la chasse d'eau des toilettes, puis l'eau dans le lavabo. Carlos a pris le temps de se sécher les mains avant de regagner la pièce principale. Il s'était manifestement passé de l'eau dans les cheveux et se les peignait en arrière avec ses mains. C'était sa façon de donner le change. Arrivé derrière le commissaire, qui tendait le bras pour faire tomber la cendre de son cigare dans le cendrier, il a brandi l'arme dissimulée derrière sa tête et lui a tiré dans le cou. Le tueur visait la tête, mais il a tiré trop vite. Il savait qu'il lui faudrait éliminer les trois autres, qui pouvaient être armés.

La balle du pistolet, une cartouche puissante de 7,65 mm long, a traversé le sol pour aller se loger dans le parquet de l'appartement du dessous, passant à 15 cm environ d'une vieille dame en train de tricoter dans sa salle de séjour. La suite s'est déroulée à une extrême vitesse. Carlos a logé une balle dans la tête de Moukharbal, puis a tiré sur les deux inspecteurs. Tous les trois ont été tués sur le coup sans avoir pu réagir.

*

Avec mes collègues, nous avons pu reconstituer la suite des évènements.

Carlos est sorti de l'appartement, qui se situait dans la partie arrière du bâtiment, relié à l'avant par une coursive au premier étage. Quatre détonations de 7,65 ne passent pas inaperçues. Elles font même du bruit. Craignant une mauvaise rencontre, il a sauté dans le jardinet de l'immeuble mitoyen, puis a rejoint la rue par la porte de l'immeuble qui jouxtait celui où avaient eu lieu les assassinats.

Complètement affolés, les étudiants vénézuéliens se sont tous enfuis, inquiets des ennuis qui allaient forcément s'abattre sur eux. La petite fête était finie. Blessé, mais encore en vie, le commissaire Herranz a retrouvé ses sens, s'est levé comme il a pu et est sorti de l'appartement en titubant. Il est tombé sur les Vénézuéliens qui revenaient sur leurs pas, la peur surmontée. Ils l'ont assisté comme ils ont pu jusqu'à l'arrivée des secours.

J'ai lu plusieurs articles et livres indiquant que Michel Moukharbal était en fait un indicateur de la DST. Je ne crois pas que cela soit vrai. Je n'ai pas le souvenir, sauf à être démenti par l'étude du dossier, que cet étudiant pro-palestinien informait le service. Membre du FPLP, il faisait l'objet de surveillances. Lors de l'une d'elles, il avait été repéré avec un inconnu qui s'est révélé être Ilich Ramirez Sanchez. Il a fallu attendre la quatrième journée de garde à vue pour qu'il nous donne l'adresse de l'appartement de la rue Toullier, où il savait que Carlos résidait. Mais à ce moment de l'audition, il devait être persuadé qu'il avait quitté les lieux. Il a dû être le premier surpris lorsque Donatini et Dous l'ont fait monter à l'appartement et qu'il a constaté que Carlos était toujours présent. Carlos ne maîtrisait pas vraiment les règles de la vie conspiratrice. Il n'aurait jamais dû se trouver là. Il était resté car il savait que c'était la dernière nuit des deux filles en France et il voulait la passer avec elles.

Les fonctionnaires de la division antiterroriste ont repris le fil de l'enquête confiée à leurs deux collègues, l'un décédé, l'autre à l'hôpital et sous le choc. Ils ont vite été débordés par la masse de travail et un certain nombre de membres de la division A4, dont je faisais partie, ont été mis à leur disposition, ainsi que des collègues d'autres divisions. La fusillade de la rue Toullier était devenue la priorité de la DST.

La division antiterroriste coordonnait les opérations et centralisait nos procès-verbaux. Nous y avons passé tout l'été. Le groupe que je formais avec le commissaire et l'inspecteur interpellait tous les jours une nouvelle personne.

Un jour, nous partons à la recherche d'une dame connue pour avoir milité dans des organisations révolutionnaires. Elle avait séjourné en Espagne dans les années 1930 pour combattre du côté des républicains. L'assassinat de nos collègues nous avait rendus extrêmement méfiants et nous prenions de grandes précautions lors de chacune de nos interventions. D'autant que nous étions tous plutôt jeunes. Nous avions sans doute tendance à surjouer un peu et entrions dans les appartements d'une manière fort peu diplomatique. Ce qui a très certainement eu un effet négatif sur cette dame venue nous ouvrir la porte.

Immédiatement, l'inspecteur s'assure qu'elle ne représente aucun danger, pendant que le commissaire et moi allons contrôler les autres pièces. En poussant la porte d'une chambre, je tombe sur deux femmes qui dorment dans le même lit. L'une est mince, l'autre doit dépasser les cent kilos. C'est alors que le cri de mon collègue traverse l'appartement : « Venez m'aider, vite ! » La dame s'est évanouie et n'a pas l'air bien du tout. « Il faut lui donner tout de suite ses pilules, s'affole l'une des femmes, sortie précipitamment de son lit. Elle est cardiaque et peut mourir à tout instant. »

Les choses sont rentrées dans l'ordre avec la pilule, et la femme s'est habillée. Nous en avions été quittes pour une grosse frayeur. Rien de concret pour l'enquête en cours, mais j'ai acquis un petit réflexe :

une fois les lieux sécurisés, je prendrais désormais le temps de quelques mots apaisants pour ceux qui n'étaient pas directement impliqués dans des actions criminelles, mais n'apparaissaient qu'à la marge.

Nous avons ensuite traité une femme qui travaillait dans une galerie d'art du centre de Paris. Son nom était apparu dans un carnet d'adresses. La galerie servait de point de rendez-vous aux militants palestiniens. Elle n'était pas une révolutionnaire à proprement parler. Ayant fait de vagues études d'art, elle aidait la propriétaire des lieux. Jeune et attirante, elle cherchait surtout à se caser auprès d'un mari riche. Elle en avait d'ailleurs trouvé un et devait prochainement quitter Paris pour épouser un pharmacien de province. Son appartement était un vrai fouillis, rallongeant d'autant la perquisition. À un moment, je me suis retrouvé seul avec elle dans la chambre. Assis sur le lit, j'étudiais son courrier, à la recherche d'une piste, ou d'un nom. Avec une attention moins soutenue lorsqu'elle s'est allongée sur le lit, chemisier transparent et jupe remontée. L'intrusion dans la pièce du commissaire a sonné comme un rappel à l'ordre.

Carlos a fini par être capturé au Soudan sur ordre du ministre de l'Intérieur, Charles Pasqua, ramené en France, puis lourdement condamné par la justice. Dans la *maison*, Herranz et Dous ont été critiqués, car il est toujours facile de refaire l'histoire. Il s'agissait pourtant de deux hommes expérimentés et confirmés. Herranz avait fait une belle guerre au sein de la 1re Division Française Libre (DFL), avec laquelle il avait participé à la bataille de Monte Cassino. Dous s'était pour sa part illustré dans la Résistance. Ils avaient mené cette affaire comme ils pensaient devoir le faire. Ils l'ont payé très cher, ainsi que Donatini, ce jeune policier d'à peine trente ans. La carrière du commissaire a été stoppée net et sa vie meurtrie. Difficile, en écrivant ces lignes, de ne pas avoir une pensée chaleureuse et fraternelle pour nos collègues et pour celui qui est mort avec eux, tout en souhaitant qu'il n'arrive jamais rien de semblable à nos camarades de la DGSI.

6

Les diplomates, un gibier pas comme les autres

Les policiers de ma génération ont été formés par des inspecteurs divisionnaires qui avaient l'âge de nos pères. En plus de leur vaste expérience, ils avaient une autorité naturelle sur nous. Quand ils sont partis à la retraite, ce sont nous, les inspecteurs nés juste après la guerre, qui avons dû prendre le relais. Les derniers arrivés n'avaient pas une grande différence d'âge avec nous et nous n'avions pas la même prise sur eux. L'esprit de Mai 68 était passé par là et nous n'étions pas toujours sur la même longueur d'onde. Surtout moi.

Sur le terrain, certaines missions demandaient plus de tact que d'autres. C'était le cas des personnes en contact avec les diplomates soviétiques. Pour les détecter, il nous fallait trouver des alliés. Les conférences de sensibilisation que le service réalisait dans certaines sociétés françaises nous apportaient leur lot d'informations sur des cadres de l'industrie qui avaient été approchés par des diplomates ou des représentants commerciaux dépendant des ambassades des pays de l'Est.

Une fois que nous les avions détectés, un travail délicat commençait. Il s'agissait de convaincre nos interlocuteurs d'accepter les demandes des Soviétiques afin de les appâter et de les piéger. Ce processus ne pouvait cependant pas s'éterniser, et pas seulement parce que notre service ne disposait pas d'un stock inépuisable de matériel sensible. Nos chefs nous pressaient de procéder à l'interpellation en flagrant délit. Pas simple à mettre en œuvre ! Avant de déclencher une telle opération, il fallait bien sûr informer le ministre de l'Intérieur, mais également celui des Affaires étrangères et certainement le cabinet du Premier ministre et la Présidence.

Le service aurait été en fort mauvaise posture s'il avait fallu annoncer que le gibier était parvenu à nous échapper, mais les diplomates circulaient dans des véhicules intouchables. Pour limiter les pertes, la fourchette horaire devait être soigneusement calculée. Par mesure de précaution, le nombre de policiers expédiés était souvent surdimensionné par rapport aux besoins. On prévoyait même une équipe en renfort au cas où les choses se passaient mal, au point qu'un jour, des jeunes inspecteurs de mon groupe m'ont interrogé sur l'utilité de leur présence. Je leur ai expliqué que le luxe de précautions prises était proportionnel au nombre d'autorités averties.

Dans les faits, la plupart de ces arrestations se déroulaient de façon paisible. Les diplomates soviétiques bénéficiaient d'une protection liée à leur statut. Au-delà de quelques mouvements d'irritation, il n'y avait pas de raison de recourir à la force. Nous revenions au service et restions en compagnie de notre Soviétique parfois deux ou trois heures, le temps de recevoir l'arrêté ministériel des Affaires étrangères.

Ceux que nous interrogions étaient rarement des abrutis, la plupart étaient même plutôt brillants. Nous engagions toujours avec eux des conversations très détendues. Sauf une fois, lorsque ce jeune lieutenant de la marine soviétique, dont c'était la première affectation, s'est montré très mécontent de sa mésaventure. Il savait que l'Occident lui serait désormais interdit. L'un de nos collègues s'est risqué à la plaisanterie : son avenir était de commander un dragueur de mines dans la Baltique. Et cette perspective ne lui plaisait que modérément.

Nous avions parfois davantage l'impression d'être en compagnie d'un collègue, plutôt que d'un ennemi. Il m'arrivait même de regretter ne pas pouvoir m'entretenir davantage avec ces professionnels. Comme avec ce colonel à quelques mois de la retraite, qui aurait pu être mon père et à qui l'un de nous a fait remarquer que c'était dommage de quitter la France, et surtout Paris. C'est presque lui qui nous a consolés en nous expliquant qu'il avait un appartement à Moscou, une datcha à la campagne et que sa fille lui amènerait ses petits-enfants, dont il allait enfin pouvoir profiter.

Le métier de contre-espion était valorisant. Chargés de pister les taupes soviétiques, nous avions notre place dans l'histoire en marche.

7

Les micros du *Canard enchaîné*

Nul n'ignore que la DST a rencontré quelques difficultés au cours d'une tentative de pose de micros dans les nouveaux locaux du *Canard enchaîné*. Beaucoup de bruits ont couru à ce sujet dans les couloirs du service. Certains se disaient convaincus que l'opération avait été « balancée ». La France est une démocratie et l'alternance politique était à prévoir lors de la prochaine présidentielle ou de la suivante. Certains fonctionnaires préparaient peut-être l'avenir.

Je penche pour une autre lecture. Selon moi, l'opération n'avait pas été engagée avec suffisamment de discrétion et de professionnalisme. Autant la rigueur et le cloisonnement régnaient à la division du contre-espionnage, autant ce n'était pas toujours le cas dans d'autres pans du service, notamment dans cette section montée après Mai 68 pour lutter contre l'extrême gauche et taillée pour faire à peu près tout et n'importe quoi. J'étais ainsi au courant de l'opération en préparation alors que je n'aurais jamais dû l'être (en fin de journée, je prenais parfois un pot dans un bar de la rue des Saussaies et certains collègues n'étaient pas d'une discrétion à toute épreuve).

Ce n'est pas la seule erreur commise, à mon sens, par le service. L'équipe envoyée dans les locaux du journal comportait dans ses rangs un karatéka de très haut niveau. Sa mission devait consister à neutraliser ceux qui étaient susceptibles de perturber la séance de pose de micros. Lorsque le nommé André Escaro, membre de la rédaction, se présente, le karatéka hésite. Doit-il l'assommer sur place, comme il sait si bien le faire ? Il réfléchit tellement longtemps qu'Escaro – qui affirmera être revenu au bureau parce qu'il avait vu de la lumière – fait demi-tour. Les deux gars en faction devant l'immeuble ont alerté le karatéka par radio, mais le grésillement était tel qu'il n'a rien compris à leur message.

Le concierge de l'immeuble a-t-il donné l'alerte après le premier passage des poseurs de micros ?

Quelqu'un a-t-il alerté le journal ? Le karatéka, que je connaissais, en a été quitte pour une dépression nerveuse et s'est absenté du service pendant plusieurs mois. Le chef de la division, Jacques Delebois, a sauté et s'est retrouvé au Niger. Guy Xoual, haut fonctionnaire du service, sera limogé un peu plus tard, une vraie perte pour la DST, lui qui avait connu Roger Wybot.

Un ou plusieurs journalistes de cet hebdomadaire n'en étaient pas moins soupçonnés de liens plus qu'anormaux avec des services de renseignement des pays de l'Est. Et si l'on s'en tient aux informations qui furent ensuite divulguées, la DST n'avait pas tout à fait tort de s'inquiéter. Ces liaisons dangereuses sont d'ailleurs arrivées indirectement à mes oreilles au début de l'année 1981. Un « contact utile », comme j'appelle les personnes bien placées dans un domaine et susceptibles de confirmer un détail technique, me parle alors du « Palmipède » avec un petit sourire.

Alors qu'il avait rendez-vous avec un journaliste expérimenté du *Canard*, ce dernier l'a rattrapé sous le porche d'entrée de l'immeuble. Il sortait d'un petit établissement où l'on pouvait déguster du café de torréfacteur, un endroit d'où il s'était vanté, auprès de mon contact, de passer ses appels téléphoniques – c'était avant l'apparition du portable – pour éviter les écoutes.

L'information était intéressante, mais délicate à exploiter. Tout ce qui concernait le *Canard enchaîné* était tabou et l'information avait de fortes chances d'être étouffée. Il me fallait au préalable « blanchir » le renseignement. J'ai pris contact avec un informateur qui me renseignait de temps en temps sur ses relations avec des diplomates de différents pays, dont ceux de l'Union soviétique. Dans mon rapport d'entretien, j'ai rédigé un paragraphe dans lequel j'indiquais que mon informateur devait transmettre des données commerciales à un Soviétique. Ce dernier lui avait dit qu'il passait la soirée chez un ami, dont il lui avait donné le numéro de téléphone : celui du torréfacteur, que j'avais facilement identifié.

Les autorités administratives ainsi aveuglées sur les réels motifs de l'écoute, j'ai pu pendant plusieurs mois lire tous les jours le résultat des productions. J'avais évidemment tout ce qui concernait les commandes de café, mais de temps en temps j'identifiais quelques bonnes sources du journal.

L'élection de François Mitterrand, en mai 1981, a changé la donne. J'avais parfaitement anticipé le fait que de telles investigations avaient peu de chances de recueillir les félicitations de mes supérieurs. J'ai donc procédé à la suppression de l'écoute et détruit toutes les productions. Je n'ai pas eu besoin de broyer les rapports car il n'y en avait pas. En pareilles circonstances, tout était verbal.

8

La cavale du parachutiste

J'ai rencontré Dominique Erulin au milieu des années 1970 à « l'Écurie », un restaurant proche de la place du Panthéon que m'avait fait découvrir le commissaire Jacques Delebois. Dominique était un habitué de cette maison, dirigée par la sympathique Mimi. Lorsqu'il n'y était pas, j'avais des chances de le trouver chez Félix, dit « Féfé », qu'il avait connu au sein de son régiment de parachutistes pendant la guerre d'Algérie et qui tenait un cabaret non loin de là, rue Mouffetard, où se produisaient des artistes. Dominique est devenu un ami, mais aussi une source, lui qui évoluait dans le milieu un peu spécial de la sécurité privée. Nous formions une bande de copains, dont une partie se retrouvait pour faire de la musculation dans la salle de sport des Champs-Élysées, rue de Ponthieu, fréquentée par le Tout-Paris et où l'on n'entrait pas sans un solide parrainage.

Avec Dominique, nous avions en commun la pratique des sports de combat, le parachutisme et le goût du tir à l'arme de poing, domaines dans lesquels j'étais un amateur à côté de lui, surtout sur un ring de boxe. C'était un aventurier. Son engagement dans l'OAS pendant la guerre d'Algérie lui avait valu quelques déboires avec la justice, avant qu'il ne se taille une réputation dans le cercle des mercenaires français, très présents à l'époque en Afrique noire, avec des fortunes diverses. Je n'étais pas très à l'aise sur ce sujet, ayant parfaitement compris qu'au lendemain de la Seconde Guerre mondiale, le temps des empires coloniaux était terminé. Pour moi, l'abandon de départements comme l'Algérie était inéluctable. Je nourrissais, de plus, une certaine admiration pour le président de Gaulle, qui avait su redresser le pays et lui redonner son estime de lui-même, même si l'indépendance de l'Algérie aurait pu être mieux gérée. Mais j'avais l'habitude d'être entouré de nombreux nostalgiques de l'Algérie française, surtout dans le milieu des parachutistes. Dans mon club de judo de la banlieue est de la capitale, je côtoyais en même temps quelques sympathiques travailleurs algériens, pour la plupart résidents du foyer Sonacotra voisin.

Jusqu'à l'arrivée au pouvoir de François Mitterrand, au printemps 1981, je voyais Dominique régulièrement. Plusieurs fois, il m'a rendu service dans le cadre de mon travail, comme ce jour où il m'a demandé de le rejoindre chez Féfé. Je ne sais plus comment il m'a présenté à ces deux hommes, mais sûrement pas comme un policier de la DST. L'un était rattaché au service commercial de l'ambassade de l'Union soviétique à Paris, l'autre émargeait auprès de l'UNESCO à Genève. Le lendemain matin, je me suis précipité à la documentation du service et j'ai reconnu sur des photographies les deux individus en goguette, identifiés comme des membres du KGB. J'ai évidemment rendu compte de cette rencontre.

Le vent a tourné vers la fin de l'année 1981. Un premier message m'alerte sur le fait que mon ami Dominique est l'objet de toutes les attentions du nouveau patron de la direction centrale des Renseignements généraux (DCRG). Et que ce dernier a bien l'intention de lui causer de sérieux problèmes. Quelques coups de fil plus tard, je comprends que mon ami est la cible de plusieurs procédures. L'une d'elles est liée au « déménagement » d'une usine dans le sud de la France, au cours de laquelle des membres de la CGT ont été un peu bousculés. La plus sérieuse concerne une attaque à main armée chez un fabricant de coffres-forts, qui a déploré la disparition d'une forte somme d'argent et de bijoux. Dominique ne nie pas son implication dans le « déménagement » de l'imprimerie occupée par des syndicalistes. Il m'assure cependant ne pas être mêlé au second dossier, tout en précisant qu'il ne peut répondre de tous les hommes qu'il a l'habitude de faire travailler. Certains sont susceptibles d'être mêlés à ce genre de mauvais coup.

Le climat s'envenime au point que je reçois bientôt un nouvel avertissement. Mes informations me font même craindre une arrestation. Un de mes contacts suggère que Dominique devrait quitter la France au plus vite. Des gens haut placés dans la hiérarchie policière auraient décidé de tout faire pour qu'il n'ait plus de contrats dans la sécurité. Le premier prétexte venu pourrait déclencher son interpellation. Aux yeux du nouveau pouvoir, Dominique aurait le tort de s'être impliqué dans la campagne présidentielle, à l'invitation de son ami

Hubert Bassot, qui lui a confié des missions lucratives, pour le compte du perdant, Valéry Giscard d'Estaing.

Malgré mes alertes répétées, Dominique s'obstine à considérer qu'il ne s'agit que d'une mauvaise passe. « Les choses vont finir par se calmer », m'assure-t-il, comme s'il ne prenait pas la mesure des conséquences de l'arrivée des socialistes au pouvoir, ou ne voulait pas voir que ceux qui l'avaient longtemps protégé avaient perdu la main.

*

Un soir de la fin 1981, un de mes amis et collègue, depuis peu commissaire aux Renseignements généraux de la préfecture de police de Paris, m'appelle en urgence. Nous convenons de nous retrouver à l'Écurie à l'heure du dîner. La menace se précise, puisqu'une équipe de la Police judiciaire de Marseille est en route pour Paris avec mission de cueillir Dominique dans son appartement de Neuilly-sur-Seine, sur l'île de la Jatte. Mandatée par la juge d'instruction en charge de l'enquête sur le déménagement de l'imprimerie. Je remercie vivement mon ami, un juriste à qui j'avais conseillé de passer le concours de commissaire. Il m'avait écouté et ne le regrettait pas, son nouveau métier étant bien plus excitant que celui qu'il exerçait jusque-là. Nous partagions des idées politiques communes, ce qui avait contribué à installer une vraie confiance entre nous. Rien de l'obligeait en effet à me transmettre cette information capitale.

Le dîner terminé, je fonce chez Féfé, où Dominique passe à peu près tous les soirs entre 1 heure et 2 heures du matin. Je demande au patron du cabaret de le retenir impérativement jusqu'à mon retour. Lorsque je le rejoins, il est attablé comme souvent avec son ami croate Ante Gotovina. Cet ancien légionnaire au 2ᵉ REP (régiment étranger de parachutistes) a été le chauffeur et le garde du corps de son frère, le colonel Philippe Erulin, qui commandait ce prestigieux régiment lors de l'assaut de Kolwezi. Ils travaillent désormais ensemble dans la sécurité. Dominique est désarçonné par ce que je lui annonce. Il n'a pas compris que ceux qui s'acharnent sur lui veulent vraiment le voir entre quatre murs. Il dispose d'une garçonnière dans le 16ᵉ arrondissement, où il pense qu'il sera en sécurité.

Je suis rassuré, mais le répit est de courte durée. Quelques jours plus tard, Dominique m'appelle en catastrophe. Il n'a pas cru en la véracité de mes informations et a rejoint son épouse dans leur appartement de Neuilly-sur-Seine. Peu après 6 heures du matin, des policiers ont frappé à sa porte, guidés par le gardien de l'immeuble. Dominique s'est enfui par une porte dérobée et s'est enfermé dans la machinerie de l'ascenseur, au niveau du toit de l'immeuble. Sa femme, Françoise, a su convaincre les policiers qu'il n'était pas présent, ce qu'ils ont pu vérifier de leurs propres yeux. Dominique est resté plusieurs heures immobile dans sa cachette, avant de quitter discrètement les lieux et de rejoindre Ante Gotovina, qui avait lui aussi réussi à échapper au coup de filet en quittant son domicile avant l'heure légale des perquisitions.

Il n'y avait pas que le dossier de l'imprimerie. Le problème dépassait largement cette enquête judiciaire. Le « syndrome Allende » faisait à l'époque des ravages dans les esprits. Marqués par le coup d'État du général Augusto Pinochet au Chili, au cours duquel le président socialiste Salvador Allende avait perdu la vie, un certain nombre de mes collègues étaient convaincus qu'un complot se tramait pour attenter à la vie du nouveau président de la République, François Mitterrand.

Et le profil de Dominique, considéré comme proche de « l'extrême droite », en faisait à leurs yeux un possible acteur de cette entreprise politico-criminelle. Y croyaient-ils vraiment ? Pour certains, habités par une animosité profonde à l'encontre de ceux qui n'étaient pas de leur bord, l'occasion était belle de se faire bien voir du pouvoir et de grappiller avancements et avantages divers. Il fallait pour cela obtenir la peau de Dominique Erulin. Mon ami était même l'objectif principal de la cellule élyséenne, une équipe dirigée par des gendarmes en qui le président avait toute confiance.

J'avais dit à Dominique qu'il pouvait compter sur moi dans les moments difficiles, que je pourrais l'héberger en Seine-et-Marne. Ce moment était venu. Mais avant de prendre la route, il avait quelques objets à récupérer dans son appartement de secours. Un simple coup d'œil nous permit de détecter une équipe en planque devant l'entrée du bâtiment. Renseignements généraux ou police judiciaire, le risque était trop grand qu'il soit reconnu. Je m'y suis collé. Suivant ses indications, j'ai pénétré dans l'immeuble par une autre voie et j'ai rassemblé quelques souvenirs qu'il souhaitait emporter à l'heure de quitter la France, à commencer par la grenade que portait sur lui son grand-père, colonel de régiment, lorsqu'il était mort au combat, à Verdun.

Ante Gotovina a quitté le pays de son côté. Dominique a dormi chez moi une nuit. Le lendemain, nous avons pris le chemin de la gare du Nord. Nous nous sommes séparés sur le quai du métro, sans grande effusion mais convaincus que nous ne nous reverrions pas de sitôt, et non sans avoir mis au point une procédure pour communiquer régulièrement entre nous de façon sécurisée. Durant mes pérégrinations de policier de la DST, j'avais pris l'habitude de repérer les cabines téléphoniques. Je relevais les numéros, que j'affectais d'un code. De cette manière, nous pourrions nous entretenir discrètement toutes les trois semaines. Il suffirait de convenir à chaque fois de l'endroit suivant, du jour et de l'heure, de préférence très tôt le matin – je me levais vers 4 heures du matin en évitant d'allumer la lumière, avant de quitter discrètement l'immeuble. Je sortais dans les rues désertes et marchais une heure, parfois plus. Rien de tel qu'une bonne marche pour déjouer une filature. Notre échange terminé, je filais directement au ministère et commençais ma journée de travail, toujours bien remplie.

*

Dans les semaines qui ont suivi le départ de Dominique, j'ai évité de me rendre dans les endroits que nous fréquentions ensemble. Je savais que je risquais de tomber sur des gens qui chercheraient à savoir ce qu'était devenu Dominique et qu'ils ne sauraient pas forcément tenir leur langue.

Mon problème s'appelait Françoise. La femme de Dominique s'efforçait de ne pas suivre les conseils que je lui avais prodigués. Elle m'appelle un soir, affolée. Elle était convaincue que son mari avait été abattu lors de son arrestation. J'ai dû me déplacer en pleine nuit pour la rassurer et lui renouveler mes conseils de discrétion. Dominique n'avait pas été tué, mais j'ai néanmoins appris par notre canal habituel qu'Ante et lui vivaient des moments difficiles en Italie. Le capitaine Paul Barril, n° 2 de la cellule antiterroriste de l'Élysée, qui devait rêver d'accrocher à son palmarès la tête de Dominique Erulin, avait communiqué aux services italiens le numéro de son passeport. Repéré, il lui était désormais impossible de quitter le pays. Il n'y avait qu'une solution : lui confectionner un autre passeport. J'ai confié cette mission délicate à mon ami Mirko, chef d'une équipe de Yougoslaves qui travaillaient dans la sécurité privée, souvent en cheville avec Dominique. Cet homme plein de ressources m'a ramené le document une semaine plus tard. Le faux passeport était au nom de Jean-Louis Locati, un individu correspondant en tout point au signalement de Dominique, qui a pu s'envoler, avec Ante, pour la Côte d'Ivoire, où ils ont séjourné plusieurs années.

Françoise ne tarde pas à me faire part d'un autre souci. Lors de son « évasion », Dominique a laissé, caché dans la machinerie de l'ascenseur de l'immeuble, un carnet contenant beaucoup de noms et de numéros de téléphone de personnes qui pourraient être importunées s'il tombait entre de mauvaises mains. Elle me propose d'y aller le week-end suivant. Les voisins seront absents. Elle fera venir un homme habile à ouvrir les serrures.

Nous voilà le vendredi soir sur le toit de l'immeuble. J'ai conservé mon holster à la ceinture, mais j'ai pris la précaution de laisser mes documents d'identité et mon arme de service dans l'appartement de Françoise. L'homme s'affaire sur la serrure, qui lui résiste plus qu'il ne faudrait ; l'ami qui l'accompagne n'a guère plus de succès. Je m'apprête à leur suggérer de quitter les lieux lorsque la porte d'accès s'ouvre brusquement, laissant surgir quatre ou cinq gardiens de la paix. Le « serrurier » et son comparse s'enfuient en courant avant d'être bloqués par les policiers restés devant la porte de l'immeuble. Alors que nous sommes conduits au commissariat le plus proche, j'ai le temps de leur passer la consigne : ne rien dire. Je refuse, pour ma part, de donner mon nom au brigadier qui m'interroge, mais lui suggère de « prévenir le commissaire de permanence ». Le gradé préfère appeler l'OPJ (officier de police judiciaire), qui lui ordonne de nous mettre « au frais ». Il se penchera sur notre cas demain matin. L'un des deux motards ayant participé aux arrestations semble cependant plus affûté que ses collègues. Il me demande à quel modèle d'arme correspond mon holster. « Un Manurhin MR73 de couleur mate. » Les policiers étant les seuls à être équipés de ce type d'armes, ma réponse éveille évidemment sa curiosité. Il me demande à quel service j'appartiens. J'élude la question, mais lui indique que s'il veut nous rendre service, il faudrait qu'il prévienne le commissaire de permanence en lui disant que cette affaire « sensible » méritait son attention.

Une demi-heure plus tard, nous voilà dans le bureau du patron, au grand dam du brigadier, privé de « son » affaire. Je lui parle de la DST et lui brosse un tableau succinct (et tronqué) des raisons pour lesquelles nous nous trouvions sur le toit de cet immeuble. Il accepte d'avertir mon service. Deux heures plus tard le commissaire divisionnaire Raymond Nart, chef de la division chargée de l'espionnage soviétique à laquelle je suis rattaché, débarque. Il fait mine d'être au courant de ma « mission », sans cacher au commissaire qu'il serait inopportun de prévenir le procureur. « Si vous le faites, il est mort sur le plan administratif », lui dit-il. Ce qui était la stricte vérité.

Nous avons pu quitter les lieux à l'aube, le samedi matin, sans autre forme de procès. Mais en arrivant au service, le lundi suivant, j'ai eu droit à la plus fantastique engueulade de toute ma carrière. Avec ordre de déposer deux ou trois semaines de congé en attendant que soit défini le sort que j'allais subir. J'ai passé une quinzaine de jours à lire, chez moi.

Le secret n'a pas tenu longtemps et le malheureux commissaire de Neuilly-sur-Seine a eu des explications à fournir. Chaque fois que je mettais un pied dehors, j'étais pris en filature par des collègues de la maison d'en face, des policiers de la Section opérationnelle de recherche et de surveillance (SORS), fer de lance de la direction centrale des RG. Lorsque je retrouvais mon beau-frère, inspecteur, au mess du ministère, je repérais aux tables voisines les visages des agents des RG que je connaissais. Ils prenaient leur déjeuner en tordant le cou pour écouter notre conversation. Je ne leur en voulais pas, ils faisaient leur métier. Tout ce qui avait trait à Dominique Erulin brûlait les doigts.

L'affaire de l'ascenseur a été enterrée, suscitant au passage la colère des gendarmes de la cellule de l'Élysée, qui suivaient eux aussi le moindre de mes mouvements au nom de la sécurité de François Mitterrand.

Lorsque j'avais des choses à faire loin des regards indiscrets, je savais cependant m'arranger pour semer mes anges gardiens. Ce n'était pas tant à cause de Dominique, avec lequel nos contacts se sont espacés, mais je tenais à protéger les activités que je menais dans le cadre de mes fonctions à la DST. Au bout d'une quinzaine de jours de pénitence, Raymond Nart m'a en effet convoqué pour m'apprendre que je quittais sa division, celle du contre-espionnage, pour être affecté à la division antiterroriste. J'ai pris mon poste dès le lendemain, convaincu que la sanction avait été finalement légère. Aucune atteinte à l'honneur du service ne pouvait, à mon sens, m'être reprochée.

9

Intoxication à tout-va

1983. L'affaire Farewell, probablement la plus belle jamais réalisée par la DST, se termine. La règle du « besoin d'en connaître » étant un principe fondamental du service, seule une petite équipe constituée autour de Raymond Nart était, cette fois, au courant de l'opération. On ne mégotait pas avec le cloisonnement à l'heure de recruter un transfuge de ce poids dans le dos des Soviétiques[1], susceptible de peser à lui seul sur le cours de la guerre froide grâce à la fourniture de renseignements inédits sur l'état de la force militaire de l'URSS.

---

1. Deux livres ont longuement raconté cette affaire : *Carnets intimes de la DST*, écrits par Frédéric Ploquin et Éric Merlen et publiés chez Fayard (2003), et *L'Affaire Farewell vue de l'intérieur*, coécrit par Raymond Nart et Jacky Debain, aux éditions Nouveau Monde (2013).

Alors que s'éteignent les feux des projecteurs, se présente au service un curieux personnage. Il dit s'appeler Blankov. Il arrive tout droit de Moscou et a des informations « sensationnelles » à nous communiquer. Je fais partie de ceux qui sont missionnés pour le débriefer.

L'homme nous raconte un périple assez romanesque. Il a franchi à pied la frontière de la Géorgie, partie intégrante de l'Union soviétique à l'époque, et marché jusqu'en Turquie. Il s'est ensuite débrouillé pour rejoindre la France. Là, il a séduit une femme et vit désormais chez elle. Nous passons plusieurs journées à lui faire raconter sa vie et à essayer de soupeser les informations qu'il nous fournit. Le tout en russe, avec l'appui de notre traducteur habituel. Il prétend notamment avoir un excellent ami au sein du KGB, qui lui a fait part de plusieurs dossiers de Français qui renseignaient ou avaient renseigné les services soviétiques. Si nous faisions affaire avec lui, il pourrait nous en dire plus.

Les trois premiers noms qu'il cite attisent notre curiosité : les trois personnages ont un dossier à leur nom dans les archives du service. Ils ont attiré notre attention sans que rien de vraiment concret ne puisse être retenu contre eux. Parmi eux, une femme présentant la particularité d'avoir des relations de parenté, certes éloignées, avec Anatoli Lounatcharski, commissaire à l'éducation du gouvernement bolchevique dans les années 1920.

Blankov ne manquait pas d'humour et était doté de qualités évidentes de dessinateur. Je me souviens notamment d'un croquis représentant la force de frappe française par rapport à celles des USA et de l'Union soviétique. Questionné par Raymond Nart au terme d'une nouvelle journée d'interrogatoire, je lui ai répondu que si cette affaire était sérieuse, ce serait une incroyable coïncidence qu'elle démarre alors que venait de se boucler le dossier Farewell.

Mais, en matière de renseignement, les coïncidences sont rares. La conclusion s'est finalement imposée à nous : soit il s'agissait d'un escroc, d'un affabulateur, soit, plus intéressant, d'une opération d'intoxication des Soviétiques. La seconde hypothèse semblait la plus probable.

Ce n'était pas la première fois que le KGB cherchait à nous occuper avec des dossiers sans intérêt. Grâce à mes contacts dans différents milieux, j'avais ainsi été approché par un journaliste, Christian Jelen, qui souhaitait s'entretenir avec des responsables de la DST. J'en avais parlé à Raymond Nart, qui avait accepté de le rencontrer en ma présence. Après plusieurs questions concernant les objectifs du service, auxquelles mon directeur avait donné les réponses réservées aux membres de la presse nationale, notre interlocuteur parut à court de sujets. Raymond Nart prit la parole pour dire qu'il y avait une question à laquelle il s'attendait et que le journaliste n'avait pas posée – et au passage envoyer une pique aux Soviétiques, dont il savait le journaliste assez proche pour leur relayer cette conversation.

« Laquelle ? », demande notre visiteur, un peu interloqué. Mon directeur met sur la table le thème délicat des mariages mixtes. De nombreuses jeunes Russes épousaient des Français rencontrés alors qu'ils étaient en mission en Union soviétique. Le KGB avait deviné que nos moyens n'étaient pas extensibles. Plus il y avait de mariages mixtes, et donc de jeunes femmes et de maris à débriefer, plus nous étions occupés et moins nous pouvions passer du temps sur des objectifs réellement importants. C'était une bonne technique pour nous submerger.

À l'occasion de la seule construction de l'hôtel Cosmos, à Moscou, en 1980, nous avions enregistré plus d'une centaine de mariages. De braves ouvriers français avaient épousé des créatures de rêve, diplômées de l'Université, et qui ressemblaient plus à Claudia Schiffer ou à Naomi Campbell qu'à la Mère Denis. Une année plus tard, une fois la nationalité française obtenue, on constatait une pluie de divorces, laissant sur le carreau beaucoup de malheureux. Le journaliste prend note, sans faire de remarques. L'essentiel, en l'occurrence, était que nos adversaires sachent que l'on savait.

*

Quelques mois avant mon départ de la division du contre-espionnage, j'ai pris attache avec l'assistante du directeur général d'une importante entreprise industrielle française, d'environ 30 000 salariés. Je me présente comme appartenant au ministère de l'Intérieur, sans préciser évidemment que nous avons découvert, en écoutant les téléphones de la mission commerciale soviétique, que l'un de ses membres était en contact avec lui au sujet d'un marché en Union soviétique.

L'accueil est très courtois et je vais directement au but en demandant à mon interlocuteur de m'éclairer sur la nature des relations qu'il entretient avec ce représentant de la mission commerciale, dont nous savions qu'il était membre de la résidence du KGB au sein de l'ambassade. Il ne se contente pas de me fournir des explications, mais me livre des détails intéressants sur la personnalité de ce Soviétique. Il s'ouvre encore davantage en évoquant les difficultés qu'il rencontrait à l'occasion de ce marché. Les Russes devaient fournir certains composants des machines qui devaient être livrées, or une erreur était survenue. Elle aurait pu être corrigée rapidement en France, mais les Soviétiques avaient tenu à le faire eux-mêmes et cela avait entraîné plusieurs mois de retard.

Le directeur général en vient à des considérations sur la nature de l'organisation économique de l'Union soviétique, qu'il a largement eu le temps d'étudier depuis plus d'une année. Il en était arrivé à la conclusion que ce système n'était pas viable et qu'il allait s'effondrer au bout d'un certain temps. Il était très rare, à cette époque, d'entendre de tels propos. Parmi nos interlocuteurs, beaucoup critiquaient le système soviétique, mais pour la première fois quelqu'un m'annonçait clairement que l'économie du pays ne pouvait que s'effondrer sur elle-même, entraînant dans sa chute tout le système.

Je lui ai demandé s'il avait une idée du temps qui nous séparait de cet effondrement. « Au maximum une dizaine d'années », a-t-il pronostiqué. Nous étions en 1983. Cet industriel faisait partie des personnes, mieux informées que d'autres, qui avaient prévu la fin de l'Union soviétique. Faisant fi de toutes les intoxications et de la désinformation générale, il avait perçu les failles.

Pour l'occasion, j'avais un peu dépassé mes attributions car j'aurais dû normalement transmettre le dossier à la sous-direction qui s'occupait des contacts avec les grandes entreprises. Mon caractère m'avait cependant poussé à aller au fond des choses, et je pense que cela n'avait pas déplu aux responsables de ma division. La DST avait plutôt bonne réputation auprès des collègues étrangers, et cette exigence n'y était pas pour rien. L'un des patrons du Shin Bet, le service de sécurité intérieure israélien, n'avait-il pas bénéficié d'une formation chez nous ?

10

L’attentat d’Orly

C’est en avril 1983 que je suis affecté à la division B2, le groupe antiterroriste. Elle est dirigée par Jean-François Clair, qui vient lui aussi de la branche « classique » du contre-espionnage, où il a dirigé la section A5, qui surveille les pays de l’Est hors de l’URSS, dont la RDA. Il m’oriente vers Louis Caprioli, lui aussi passé par le contre-espionnage, où il a commencé comme inspecteur avant de devenir commissaire. Depuis un séjour à Marseille, il s’occupe des Arméniens, plus précisément d’un groupe terroriste en cours de déploiement en France sous la bannière de l’Armée secrète arménienne de libération de l’Arménie (ASALA), mon nouveau sujet de prédilection.

La DST dispose d’une source fructueuse au sein de cette mouvance, traitée par mon collègue Philippe

Chicheil. Louis Caprioli me transmet régulièrement les informations utiles à la mise à jour du dossier. La transcription des écoutes me permet d'identifier l'un après l'autre les membres du réseau, à charge pour nous de les localiser. L'ASALA est scindée en deux, à l'instar de nombreuses organisations terroristes : d'un côté, la branche politique, de l'autre, la branche militaire.

Au bout de quelques mois, nous obtenons une description assez précise de ce réseau en cours de constitution. Nous avons surtout identifié les éléments les plus dangereux, à surveiller étroitement. À commencer par le chef, Varoujan Garbidjian, un Syrien d'origine arménienne, et son bras droit, Nayir Soner, un Turc d'origine arménienne. Un jeune Arménien complète le tableau ; un peu fruste, il entrepose chez lui tout le matériel nécessaire à leur entreprise. Le tout représente une douzaine de personnes dont il faut désormais assurer le suivi. Nous sommes épaulés par la division de la surveillance, qui compte des moyens importants en hommes et en effectifs, mais nous arrivons au bout de nos possibilités : pour assurer le suivi permanent de la douzaine de cibles, sachant que nous ne disposons pas de tous les moyens électroniques d'aujourd'hui, il aurait fallu mobiliser une centaine de fonctionnaires.

Nayir Soner habite une chambre de bonne au dernier étage d'un immeuble de la banlieue parisienne. Grâce à l'un de nos informateurs, nous parvenons à louer une chambre mitoyenne où nous installons un système de sonorisation pour suivre de près les activités de ce terroriste. Nous avons élargi en même temps notre panel d'informateurs, avec des personnes en marge du réseau qui fréquentent les têtes, mais ces derniers ne se confient à personne sur leurs objectifs réels. Nous apprenons bientôt que le chef de l'organisation doit faire un voyage à Beyrouth, où l'ASALA a grandi sous couvert de l'OLP (Organisation de libération de la Palestine). Il est légitime de penser qu'il retournait à son quartier général pour y recevoir des instructions, et qu'il faudrait être très attentif à son retour.

La dangerosité de ce réseau est à nos yeux avérée. Notre direction décide donc de demander à l'autorité politique de procéder à des arrestations et à la prise de mesures de rétention administrative pour éloigner et disperser les membres les plus dangereux et les mettre hors d'état de poursuivre leurs projets. Malheureusement, cette demande n'a pas été acceptée par le ministère de l'Intérieur.

Nous sommes à la veille du week-end du 14 juillet 1983 et nos directeurs, un peu inquiets des heures supplémentaires qui s'accumulent, décident de suspendre les surveillances pour les reprendre le lundi suivant. C'est dans ce contexte qu'une bombe explose, le 15 juillet, dans l'enceinte de l'aéroport d'Orly. La cible : le comptoir d'enregistrement de la Turkish Airlines. Le bilan : huit morts et une cinquantaine de blessés par brûlure, certains très gravement. La signature d'une génération qui n'a pas subi le génocide arménien mais entend faire reconnaître ce crime par les autorités turques.

Nayir Soner, nous l'apprendrons par la suite, a convaincu un passager de prendre un paquet pour le délivrer à un membre de sa famille. À l'intérieur, une bombe constituée de bouteilles de gaz, de diverses ferrailles et d'un dispositif explosif. Au milieu de la file de voyageurs, les effets ont été particulièrement meurtriers.

Passé le moment de surprise, nous rejoignons immédiatement le service et commençons à rassembler les dossiers et synthèses que nous avons constitués sur l'équipe qui vient de frapper. Nous savons parfaitement qui a commis cet attentat. La justice délivre logiquement une commission rogatoire à la brigade criminelle de la préfecture de police de Paris. C'est donc aux policiers de la Crim' que les chefs de la division antiterroriste fournissent les éléments dont nous disposons sur l'organisation que l'ASALA a mis en place en France. La preuve par cent, s'il en fallait, que le renseignement est le nerf de la guerre contre le terrorisme.

Les Renseignements généraux, chargés eux aussi de lutter contre les menaces terroristes en provenance de l'étranger, sont évidemment avides d'informations. Leurs missions et les nôtres se recoupent, et pas toujours dans le cadre d'une saine émulation. Ainsi, lorsque nous présentons à nos homologues de la préfecture de police la liste des gens que nous pensons mêlés à cet attentat, un membre des RG qui lisait par-dessus mon épaule m'affirme « qu'il en connaît au moins la moitié ». Je lui réponds que cette moitié ne me semble malheureusement pas être la bonne. J'avais reconnu ce fonctionnaire de la DCRG, ainsi que sa collègue, pour les avoir remarqués derrière moi lors des filatures dont je faisais l'objet dans le cadre de l'affaire « Erulin ».

Au-delà de la guerre des polices, décision est prise de procéder aux arrestations de tous les membres du réseau. Dès le lendemain, des équipes mixant des effectifs de la brigade criminelle et de la BRI, assistés de fonctionnaires de la DST et des RG, sont constituées pour passer à la phase opérationnelle. Lorsque nous forçons la porte de la chambre de bonne de Nayir Soner, il n'y a plus personne. Nous regagnons le quai des Orfèvres après avoir procédé aux constatations d'usage et noté cet élément capital : la tasse de thé déposée dans l'évier était encore tiède. Il venait de quitter les lieux.

Durant les jours qui suivent, nous assistons nos collègues de la PJ parisienne, forts des informations dont nous disposons. Ils sont surpris par notre connaissance de l'organisation de l'ASALA – la qualité des renseignements qui leur avaient été fournis par les services lors de précédents attentats n'était pas toujours au rendez-vous. La procédure est cependant au point mort. Ceux qui pourraient nous renseigner sont des militants parfaitement endurcis et ils ne parlent pas. Le coup de filet a été large, mais les proches du noyau dur, amis ou membres de la famille, ne disposent d'aucune information. Rien ne se concrétise sur les procès-verbaux. De quoi inquiéter mon chef de section, Louis Caprioli, qui commence à craindre que la montagne de notre travail accouche d'une souris.

Comment sortir de cette impasse ? Lors des perquisitions, une valise d'armes et d'explosifs a été saisie sous le lit d'un des adjoints de Varoujan Garbidjian, le chef du réseau. Comme cet homme était au moins impliqué dans l'affaire pour détention d'armes et d'explosifs, j'avais assisté à son interrogatoire. Ce « dur à cuire » n'a rien lâché, inutile de lui taper dessus. Il vit dans un appartement de la banlieue parisienne avec sa mère et sa sœur, une jeune fille de dix-huit ans qui vient tout juste d'avoir son baccalauréat. Le maillon faible, c'est elle.

En présence de l'un des officiers de police judiciaire que nous assistons, je décide de m'entretenir avec cette jeune fille, que je félicite pour son diplôme, en lui faisant miroiter la vie trépidante qui l'attend à l'université. « Vous êtes jeune et jolie, qu'est-ce que vous voulez faire plus tard ? — Des études de médecine, ou du droit, je ne sais pas encore », me répond-elle. Sur ce, je lui brosse un tableau très sombre des victimes de l'attentat, en insistant sur celles qui sont en train de souffrir sur leur lit d'hôpital. « Désolé de vous retenir, dis-je, mais il y a 56 blessés qui souffrent le martyre. » Elle se met à pleurer. La voyant déstabilisée, je lui demande à brûle-pourpoint si elle se souvient du jour où Varoujan Garbidjian a rendu visite à son frère.

L'attentat ayant eu lieu un samedi, ils ont dû préparer la bombe le mercredi ou le jeudi précédent. Lequel de ces jours Garbidjian est-il venu chez eux ? « Mercredi ou jeudi ? — Il est revenu jeudi », me répond la jeune fille.

Je connaissais les habitudes des membres de l'équipe, qui sortaient rarement de chez eux avant la fin d'après-midi. Garbidjian était-il venu en début ou en fin d'après-midi ? « L'après-midi. — À quelle heure ? — Vers 17 heures. — Qui leur a ouvert ? — C'est moi. » La suite coule de source : elle a vu Varoujan Garbidjian et son frère sortir la valise de sous le lit avec « une grosse mitraillette » et « des pains bruns » (les explosifs).

Je rédige sur place un procès-verbal que la jeune fille signe, terrorisée. Puis je quitte les lieux en compagnie de Louis Caprioli, une copie du PV en poche.

Le lendemain, je demande à voir le frère de la jeune fille et lui fais lire le procès-verbal, en lui précisant qu'avec de telles déclarations, sa sœur allait être expulsée vers la Turquie, où un sort peu enviable l'attendait. « Au mieux, lui dis-je, elle finira comme pute dans un bataillon de montagne. On la sort du dossier si tu prends tout pour elle. » Tout ça n'est pas très élégant, je le conçois, ni très vraisemblable, mais il m'a cru, et pour protéger sa sœur, il a confirmé ses déclarations avant de faire des aveux complets.

Les deux procès-verbaux sont aussitôt transmis au procédurier qui traite du cas Garbidjian. Confronté à ces déclarations, le chef de l'ASALA tranche rapidement : « On arrête tout, dit-il. C'est moi le patron du réseau. » Il a décidé de couvrir son équipe et de prendre tout sur lui, ce qui va constituer l'élément principal de l'accusation et lui valoir un certain nombre d'années de prison.

J'aurais dû m'y attendre, les collègues de la brigade criminelle ont omis de tenir au courant leur patron du poids qu'ont pesé les éléments apportés par la DST lors des interrogatoires. C'est bien plus tard que Louis Caprioli révélera au patron du service, le commissaire Jacques Genthial, les tenants et les aboutissants des aveux de Varoujan Garbidjian. Le chef du réseau sera condamné à la perpétuité le 3 mars 1985 et décédera en Arménie en 2018.

Les méthodes que nous utilisons pour déstabiliser les gardés à vue ne sont peut-être pas recommandables. J'ai joué sur la corde sentimentale et manié successivement le chantage et la menace, notamment avec la jeune fille, mais sans cela, dans ce dossier, à part celui chez qui les armes avaient été trouvées et qui aurait pris quelques mois de prison, tous les autres s'en seraient sortis sans problème. Pour moi, il faut savoir ce que l'on veut : protéger les voyous ou protéger les victimes. Les moyens n'ont plus trop d'importance à mes yeux au regard des morts et des blessés, dont certains, grands brûlés, luttaient toujours contre la mort dans leur chambre d'hôpital. J'étais à la fois satisfait pour les victimes et pour mon service. Auprès du collègue qui m'a accompagné dans cette phase, j'ai aussi marqué des points, lui qui se méfiait jusque-là de ma réputation de barbouze et de flingueur.

Quant au garçon sur lequel je fondais des espoirs de recrutement, mes directeurs ont réussi à lui éviter l'expulsion. Il a été assigné à résidence dans la région lyonnaise. Je suis allé le voir pour garder le contact et (surtout) pour empêcher les RG de le recruter pour eux. Une inspectrice plus intelligente que son chef l'a convaincu qu'il n'était pas très prudent d'agir ainsi et j'ai pu avoir accès à mon petit camarade arménien. Il avait parfaitement compris que la DST en savait plus que les autres. Il ne s'est pas laissé séduire, mais après sa libération, j'ai longtemps travaillé avec lui.

*

La pression finit par retomber. Au début du mois de septembre, nous nous réunissons autour de Louis Caprioli pour organiser la traque de Nayir Soner, le seul membre important du réseau qui nous a échappé, celui qui a amené le colis piégé à Orly et persuadé un passager du vol de le prendre avec lui, avec les conséquences dramatiques que nous connaissons.

On se félicite toujours, dans ces moments-là, d'avoir passé du temps à soigner la constitution des archives, l'un des principaux outils qui permet de rebondir quand toutes les autres pistes semblent fermées et les sources silencieuses : nous parvenons à dresser une liste de toutes les personnes en relation avec le fugitif. L'informatique est encore balbutiante, mais l'un des programmeurs de notre service fait des merveilles, sa qualité de policier lui permettant de savoir exactement ce dont nous avons besoin. Depuis plusieurs mois, nous rentrons dans un programme informatique spécialement conçu par lui tous les carnets d'adresses des personnes interpellées, tous les éléments de nos procès-verbaux et tous les noms, adresses et numéros de téléphone mentionnés dans les notes techniques. Nous avons sous la main les noms de plusieurs milliers de personnes en relation avec la mouvance de l'ASALA en France, avec tous les liens qui les relient entre eux.

En resserrant nos recherches, nous dégageons une liste d'une vingtaine d'individus apparus dans l'intimité du fugitif. Tous les jours ou presque, nous nous postons à 7 heures du matin devant le domicile de l'un d'eux. Nous les ramenons l'un après l'autre au service pour une journée d'entretien. À défaut d'avoir une piste exploitable, nous en profitons pour approfondir notre connaissance de ce milieu.

Un matin de la fin du mois de septembre, nous sommes en planque devant le domicile du quinzième membre de la liste. Nous ne sommes pas découragés, le mot n'existe pas dans notre division. Nous allions lever le camp, mais nous décidons de rester encore un peu autour d'un café crème. Notre cible sort enfin dans la rue. Deux cents mètres plus loin, nous l'interpellons pour la ramener dans nos locaux.

Après la fouille de sécurité d'usage, il est invité à vider ses poches et ce brave garçon met tranquillement sur la table tous ses menus objets. Trousseau de clefs, monnaie. Je vérifie son blouson, d'où je sors un passeport, que je suppose être le sien. Il a sans doute oublié certains détails.

La meilleure méthode pour amener les gens à parler est de ne pas les brusquer. L'entretien se passe dans la plus grande bonhomie. M'installant derrière la machine à écrire pour taper le procès-verbal de l'audition, je prends le passeport sur la table pour inscrire l'identité de notre interpellé et comprends soudain que la journée va être très intéressante. Le passeport est tout neuf. Il n'est pas signé par son titulaire, le nom mentionné sur le document nous est totalement inconnu, mais la photo, elle, ne l'est pas : c'est celle de Nayir Soner. Nous avons tout de suite compris. Lui aussi. L'homme qui était en face de nous travaillait dans une petite entreprise d'impression et de photogravure. Le jour même, il devait rencontrer l'homme en cavale et lui remettre ce document qui devait lui permettre de s'échapper du pays.

Le passeport en main, je sors du bureau et me dirige vers celui d'en face, celui de Jean-François Clair, le directeur de la division antiterroriste. « C'est qui, celui-là ? » Je pose le passeport sous ses yeux. Aussitôt, notre chef se lève, ou plutôt bondit de son fauteuil. Le Dieu des policiers est intervenu : notre photograveur s'apprêtait à remettre ce sésame au fugitif.

Les choses compliquées commencent. Nous ne pouvions pas garder notre individu longtemps sous le coude, car la brigade criminelle était titulaire de la commission rogatoire. Il fallait les avertir et leur donner notre prise. Ce sera fait vers 16 heures. Ces quelques heures gagnées nous valent quelques remarques acrimonieuses de la part des fonctionnaires de la préfecture de police. Notre camarade arménien a refusé de nous en dire beaucoup plus sur l'endroit où pouvait se trouver Nayir Soner mais nous avions eu le temps de le cerner. Nos collègues de la Crim' effectuent une perquisition à son domicile. Je n'y assiste pas, mais d'autres de mes collègues sont présents pour que notre service garde un œil sur le développement de l'affaire.

Des fonctionnaires de la Crim', des RG et de la DST restent en planque devant l'immeuble. Heureusement, puisqu'un couple est interpellé et conduit au quai des Orfèvres. L'homme est relâché quelques heures plus tard. Il s'évanouit dans Paris avec une quarantaine de fonctionnaires de la PJ, des RG et de la DST aux fesses. Deux heures plus tard, il n'y a plus que deux ou trois policiers derrière lui quand il bifurque vers une cité de Sevran, en Seine-Saint-Denis. Parmi eux, l'une de nos collègues, une camarade de ma promotion à l'école des inspecteurs, en fonction à la division de surveillance de la DST. C'est elle qui nous désigne une ou deux tours d'immeubles dans lesquelles elle suppose que l'individu est entré.

Le lendemain matin, avec P., nous épluchons nos fichiers pour voir si cette adresse nous est connue. Nos recherches ne restent pas vaines. Une famille d'Arméniens a déjà attiré notre attention dans ce quartier de Sevran. L'un des membres de la fratrie est d'ailleurs connu de nos services pour être emprisonné au Liban pour activité terroriste dans le cadre de la mouvance arménienne.

Munis de la photo de Nayir Soner, P. et moi prenons la direction de la cité. Nous localisons rapidement l'appartement suspect. Nous allons aussitôt chez le concierge et lui demandons s'il reconnaît l'homme sur la photo que nous lui mettons sous les yeux. Il réfute. Un peu déçus, nous l'interrogeons sur son locataire, lorsque son épouse sort de leur appartement privé. Voyant la photo, que P. avait gardée à la main, elle lance spontanément à son mari : « Mais c'est le gars qui vient voir le jeune homme du 3ᵉ ! » J'ai toujours adoré ces moments. Quand je sens que, peu à peu, le filet se referme sur le gibier.

Nous avons immédiatement prévenu Louis Caprioli, qui a débarqué avec plusieurs de nos collègues et une vingtaine d'hommes de la BRI et de la Crim'. Tout le monde, pour des raisons de discrétion, est passé par la fenêtre arrière de la loge de la concierge.

P. et moi restons dans l'entrée à guetter l'arrivée du locataire. Lorsqu'il se présente une demi-heure plus tard, tout tranquille, nous le reconnaissons aussitôt : nous avions aussi sa photo. Poussé dans la loge du concierge, il est saisi d'effroi en voyant dans la pièce la vingtaine de policiers qui l'attendaient. Il faut dire que les membres de la BRI n'ont pas toujours un air attendrissant.

Le brave garçon n'est pas très loquace alors que nous débarquons dans son appartement, où il n'y a personne. Dans un coin, à l'abri du regard des collègues des autres services, je l'entreprends avec mon ami et collègue C. Nous avons dû nous montrer convaincants et suffisamment explicites, car au bout de deux minutes, il nous confie que Nayir Soner vient de partir avec un homme qui habite quelques tours plus loin, dont il nous donne le nom. L'équipe de la Crim' en charge de la procédure tenant à mentionner cela sur procès-verbal, nous partons seuls, P. et moi, avec une voiture et un chauffeur, pour nous mettre en surveillance devant l'autre immeuble. Nous n'avons pas de radio. La seule façon de communiquer avec notre hiérarchie est de marcher jusqu'à la cabine téléphonique à pièces qui se trouve à trois cents mètres de là.

Régulièrement, P. court jusqu'à la cabine et revient avec des instructions différentes. Une fois, il faut interpeller toute personne se présentant ; la fois d'après, il ne faut surtout pas intervenir.

Vers la fin de la soirée, deux personnes se présentent et la maîtresse de maison leur ouvre la porte. Je ne sais plus trop ce qu'il en est des instructions, mais nous étions là, à quelques mètres, postés sur le palier supérieur. En quelques secondes, je prends la décision de procéder à leur interpellation. Instinctivement. La maîtresse de maison, inquiète de la mauvaise publicité donnée à sa famille, nous fait immédiatement entrer dans l'appartement.

Cela commence mal. Non pas à cause des deux hommes, qui se laissent arrêter sans problème, un peu étonnés tout de même. Mais parce que nous avons tout de suite rendu compte de la situation à notre hiérarchie, par le téléphone de l'appartement, et notre surprise a été totale de voir débarquer une équipe complète de la brigade criminelle. En surveillance devant l'immeuble, elle avait pour mission de n'interpeller personne et d'attendre le retour de l'homme qui était parti avec Nayir Soner. Arrivés sur les lieux, ils ont ordonné à notre chauffeur de s'éloigner et le pauvre collègue, pas du tout au fait de ces opérations, a déplacé le véhicule. Nos collègues de la Crim' n'avaient pas été avisés et avaient commencé leur surveillance sans savoir que nous étions en position à l'intérieur de l'immeuble.

Le commissaire de la Crim' me demande ma carte de service et relève mon nom et mon matricule, en m'indiquant que j'ai contrevenu aux instructions et que les conséquences allaient suivre, sévères. Lorsque, quelques minutes plus tard, je m'entretiens au téléphone avec Louis Caprioli, installé dans la salle de crise de la Crim', je comprends que ma situation devient scabreuse.

Le groupe de la Crim' repart avec les deux individus interpellés, qui se révéleront tout à fait innocents dans ce dossier. Nous restons dans l'appartement, P. et moi, avec le commissaire de la Crim' et l'un de ses inspecteurs. La maîtresse de maison, épouse de l'homme sorti avec Nayir Soner, nous explique que les deux hommes étaient des amis, qu'elle et son mari avaient conviés pour le dîner. Elle attendait son retour.

Cette femme se montre très perspicace et intelligente, comme la suite allait nous le prouver. Elle nous convie tous les quatre à dîner pour savourer le bortsch qu'elle ne voulait pas gâcher et qui se révèle délicieux, accompagné de la bouteille de vin rouge qu'elle a ouverte. Le repas est un peu surréaliste. La maîtresse de maison, qui entre-temps a couché les deux petits garçons du couple, ne met pas longtemps à comprendre la situation intenable dans laquelle s'est mis son mari en portant assistance à Nayir Soner. Lui-même arménien, sans doute sympathisant de la cause, il n'est nullement impliqué dans l'attentat du mois de juillet.

À un moment, le téléphone sonne. Nous avions prévu cette éventualité. Pendant que l'un d'entre nous tient l'écouteur, la femme explique à son mari que l'un des enfants a eu une poussée de fièvre et lui demande de revenir aussi tôt que possible – scénario qui avait été convenu entre elle et nous.

Il pensait retrouver une femme inquiète, il est accueilli par quatre individus qui le projettent sur le parquet de son salon. Il commence par nier et refuse de parler, lorsqu'une scène inattendue se produit. Sa femme a fait venir les deux petits garçons, qui se tiennent encore endormis de chaque côté de leur maman, qui s'adresse à son mari d'une voix très calme, mais ferme : « Regarde les garçons et parle à ces messieurs, sinon, tu risques de ne pas les revoir de sitôt. »

Complètement déstabilisé par les propos de son épouse, il nous raconte tout ce qui s'est passé. Notre attitude change du tout au tout, car P. et moi savions faire sentir aux gens qu'ils devenaient presque des collègues quand ils nous aidaient. Et très vite nous apprenons qu'il a conduit Nayir Soner à la gare de Lyon et que ce dernier est à bord d'un train pour Marseille.

Nous connaissions la colonie arménienne de Marseille et savions qu'elle comportait un certain nombre d'éléments capables d'assister le fugitif. Évoluant à la frontière de l'activisme politique et de la criminalité, ils étaient à même de récupérer Nayir Soner et de le faire embarquer pour un autre pays. Une fois arrivé dans la capitale phocéenne, il y avait de fortes chances pour que nous perdions à nouveau sa trace.

Notre nouvel ami renouvelle ses déclarations dans les locaux de la Crim' devant un haut placé de la brigade, qui lui promet, en échange de son aide, une bienveillance de la justice. À vrai dire, malgré l'intervention supposée du patron de la Crim' et de son adjoint, Patrick Riou, la magistrate de permanence au parquet ne voudra rien savoir et notre pauvre homme fera tout de même ses six mois de préventive.

En alerte, le patron du SRPJ (service régional de police judiciaire) de Marseille, Jean-Pierre Sanguy, a le bon réflexe : faire monter une équipe dans le train en gare d'Avignon. Notre terroriste aurait pu descendre à cet arrêt et finir le chemin en stop jusqu'à Marseille, ce qui aurait été la solution la plus prudente pour lui, mais ils le localisent rapidement à bord et le tiennent sous surveillance. À la sortie du train, il est réceptionné par une solide équipe de policiers. Vers 5 heures du matin, le commissaire Jean-Pierre Sanguy appelle Jacques Genthial, qui nous réveille : nous dormions tous dans les fauteuils très confortables du bureau du directeur de la brigade criminelle, en pensant aux nombreux coupables qui avaient passé des aveux dans cette pièce.

Nous nous sommes tous félicités lorsque le directeur nous a annoncé, avec un grand sourire, l'arrestation en douceur du terroriste. Avec sa rigueur, la DST avait apporté l'affaire sur un plateau. Le commissaire, qui m'avait promis toutes sortes de difficultés, est venu me serrer la main et m'a prodigué quelques paroles réconfortantes. Je l'ai doublement remercié : c'est lui qui avait décidé, à chaud, de poursuivre les interpellations, conformément à la ligne que j'avais instinctivement imposée.

11

Mon interrogatoire

Vers l'été 1983, je reçois une information capitale au sujet de mon ami Dominique. L'identité figurant sur son faux passeport a été détectée. Il a même été localisé à Abidjan. Plus ennuyeux, me certifie mon informateur, le capitaine Barril et une équipe de la cellule élyséenne sont en route pour la Côte d'Ivoire avec la ferme intention de procéder à son interpellation. Je n'ai aucun moyen de le joindre, parce que c'est toujours lui qui m'appelle. Je sais cependant qu'il vit dans la capitale chez une amie française. Je fonce jusqu'au restaurant où travaille Arlette, ma femme, et j'échange trois cents francs en pièces de 5 francs. Puis je me rends à la grande Poste du Louvre où je déniche un annuaire d'Abidjan. Je m'installe dans une cabine et commence à composer tous les numéros correspondant à des noms à consonance française.

Vers le trentième numéro, je sens une petite hésitation dans la voix de mon interlocutrice. Je cite un nom que les proches de Dominique utilisaient quand ils voulaient rester discrets. « Qui êtes-vous ? demande la femme. — Dites-lui que c'est Tarzan. » Trois secondes plus tard, j'ai Dominique au téléphone. Il a eu la mauvaise idée de présenter son passeport lors de son inscription dans un club de tir. Positionné derrière lui, un Français a lu son nom par-dessus son épaule. Flairant le bon tuyau, il l'a communiqué à un fonctionnaire des RG en poste en Côte d'Ivoire dans le cadre du service de coopération technique international de la police. Lequel a fait remonter l'information par le canal administratif, sans négliger l'option express, consistant à alerter en direct l'un de ses collègues à Paris.

Fort heureusement, le renseignement est passé par un canal au sein duquel je disposais d'un ami habile et attentionné. C'est ainsi que je lui ai évité pour la troisième fois une arrestation, laquelle aurait forcément fini par arriver et aurait même pu être assez violente. Dominique et son ami croate, Ante, se sont réfugiés « en brousse », loin de la ville, où ils sont restés quelques jours avant de quitter l'Afrique pour l'Amérique latine. Ils ont atterri au

Paraguay, où la femme qui hébergeait Dominique avait ses entrées à un haut niveau politique. Celui qui l'avait dénoncé a bien tenté de ternir son arrivée en le faisant passer pour un agitateur communiste, mais après des débuts sportifs, Dominique est devenu colonel dans les forces spéciales de ce petit pays d'Amérique latine.

*

Six mois après ce coup de chaud, au printemps 1984, mon chef de section, Louis Caprioli, m'enjoint un beau jour de me présenter immédiatement dans le bureau de Raymond Nart. En découvrant la présence à ses côtés de Jean-François Clair, le chef de la division antiterroriste, je me dis aussitôt que l'affaire est sérieuse. Elle l'est effectivement.

Je suis soumis à un interrogatoire poussé, sommé de m'expliquer sur la nature de mes relations avec Dominique Erulin et de fournir toute information en ma possession permettant de le localiser. Raymond Nart sait parfaitement ce que je vais lui répondre, mais il exécute une commande de la place Beauvau et m'invite à « donner » mon ami afin de permettre son interpellation par la cellule élyséenne. Je refuse, évidemment. Pas tout à fait novice en matière d'interrogatoire, j'ai bien entendu anticipé cette situation et préparé des réponses aux questions qui allaient venir.

Je comprends rapidement qu'il m'est accordé une sorte de faveur. Un commissaire divisionnaire a eu l'amabilité de prévenir Yves Bonnet, le directeur de notre service, que mon arrestation était programmée pour le lendemain matin. Ce dernier a argué du fait que j'avais une hiérarchie et que c'était à elle de procéder à mon interrogatoire sur la base des questions que voudrait bien lui transmettre la Crim'.

Très vite, je découvre que je n'ai pas tout anticipé, loin de là. La cellule élyséenne me soupçonne d'avoir trempé dans un projet d'assassinat du président de la République, François Mitterrand. Raymond Nart me connaît bien. Il sait parfaitement qu'au-delà du caractère volontiers indépendant que j'affiche, je n'aurais jamais participé à une telle opération. J'ajouterai que si j'avais eu connaissance d'un projet de ce genre, j'en aurais immédiatement rendu compte à mes supérieurs. Et ce malgré l'amitié qui me liait à Dominique et l'assistance que je lui apportais. Mais j'étais bien placé pour savoir qu'un tel objectif n'était absolument pas au programme d'Erulin, qui avait par ailleurs fort à faire pour parer tous les coups qui lui étaient portés.

Raymond Nart me demande de retranscrire mes déclarations à la machine, ce que je fais une fois installé dans le bureau qui nous servait à interroger nos clients. On en dit toujours trop quand on parle. Peut-être est-ce la raison pour laquelle Raymond Nart m'a demandé d'écrire moi-même mon rapport ? Il savait que je procéderais à quelques petites corrections et aménagements, mais aussi que j'écarterais un ou deux détails. La plupart de ces écrits ne permettaient d'ailleurs que d'apporter des précisions, car j'étais sur écoute depuis longtemps. Présent à mes côtés, Louis Caprioli se montra objectivement désolé, ne voyant pas comment je pourrais m'extraire d'une telle situation.

J'avais cependant pris quelques précautions. Passant parfois la nuit dans l'un des deux ateliers d'artiste dont j'avais la clef, habitant loin de Paris, j'avais appelé mon contact au sein du service des écoutes. Je lui avais demandé de me réserver les deux numéros correspondant à ces locaux pour une saisie ultérieure. Il était revenu vers moi un peu affolé. Dès qu'il avait soumis ces numéros, les RG, qui avaient aussi un agent de liaison dans ce service, s'étaient inquiétés de savoir pour quelle raison la DST s'y intéressait. J'ai dit à mon contact que puisque les RG étaient les premiers sur l'affaire, il fallait la leur laisser. On en est restés là, mais je savais à quoi m'en tenir. Et j'ai pu limiter la casse.

Il n'est pas donné immédiatement suite à mon interrogatoire, mais j'ai bien compris qu'au sein de la direction du service, plusieurs personnes souhaitaient ostensiblement mon départ. Il était devenu clair que mon avenir n'était plus au sein de la DST, malgré l'estime dont je jouissais auprès des responsables de la division au sein de laquelle je travaillais. Soumis à une pression insidieuse et permanente, je suis toujours sur mes gardes. Je compose avec, même si ce n'est pas agréable de recevoir sur son téléphone professionnel un appel anonyme de la part d'un individu qui m'annonce, sur un ton menaçant, que je « ne passerai pas au travers ». Ma relative tranquillité dérange. Aux menaces verbales suivent les écrits. « Tiens, tu as du courrier », m'annonce un jour Louis Caprioli en me tendant une lettre à mon nom. Le courrier, anonyme lui aussi, m'informe « qu'ils savent que je protège Erulin et que je n'aurai pas toujours de la chance ». Louis me demande s'il s'agit de bonnes nouvelles. J'évoque une « plaisanterie de copains », mais je ne suis pas dupe : mon courrier, rare à la DST, a forcément été ouvert.

En fait, lorsqu'un fonctionnaire était dans le collimateur, on n'hésitait pas à venir fouiller ses tiroirs personnels la nuit. C'était de bonne guerre et je ne m'en suis jamais offusqué. La pratique est d'ailleurs courante dans tous les services de renseignement du monde et j'avais pour habitude de ne rien laisser de compromettant au bureau, hormis l'identité de quelques copines, ayant pour réflexe de procéder à quelques vérifications d'archives à chaque fois que je rencontrais une amie hors du ministère.

À la différence de mes collègues inspecteurs divisionnaires, je n'avais aucune chance de passer commissaire. Plutôt détendu par rapport à cette absence de perspectives, je travaillais pour le plaisir. Flic dans le renseignement, cela avait un petit goût d'aventure qui me plaisait, autant en profiter jusqu'au bout. Je ne comptais pas mes heures supplémentaires, contrairement à d'autres. La DST avait dans ses rangs des gars plutôt sains, même si on en a vu certains utiliser les moyens du service pour surveiller leur propre épouse.

12

Bernard Jégat et l'extrême gauche

J'ai fait la connaissance de Bernard Jégat au début des années 1980. Je l'ai revu quelquefois jusqu'à son départ pour Israël, où il a été solidement débriefé par les services, avant d'apprendre qu'il était décédé. Cet écorché vif a défrayé la chronique lors de l'affaire des Irlandais de Vincennes, un montage organisé par la cellule élyséenne, dans lequel il jouait le rôle de la source manipulée. Normalement, on n'écrit pas sur ses informateurs, mais le cas de Bernard est à part. Malgré les conseils et instructions que je lui prodiguais de concert avec J., mon dernier chef de section à l'antiterrorisme, il s'obstinait à contacter journalistes, avocats, hommes politiques et hauts fonctionnaires, dans l'espoir de voir reconnaître les torts que l'attitude de la cellule de l'Élysée lui avait causés en théâtralisant sur son dos l'arrestation des faux auteurs de l'attentat commis le 9 août 1982 contre un restaurant kasher de la rue des Rosiers, à Paris.

De nombreuses personnes étaient au courant de son histoire, mais nous avons pu le faire travailler très discrètement dans le cadre de notre mission antiterroriste, à l'insu de beaucoup de monde et à l'abri de toute cette effervescence qui entourait le dossier des Irlandais de Vincennes.

Bernard Jégat était un journaliste qui travaillait comme pigiste pour la télévision belge, ainsi que pour divers organes de presse en France. Il était bien introduit dans les salles de rédaction parisiennes. Il avait, comme on dit dans nos milieux, un « potentiel intéressant ». Il était catalogué gauchiste et affichait sa sympathie pour la cause palestinienne. D'un stage au Moyen-Orient, il était revenu avec le désir de s'engager au service de cette mouvance au sein de laquelle s'abreuvaient les organisations terroristes, nombreuses à cette période en Europe occidentale. Il a été freiné par sa compagne, journaliste elle aussi et juive. Des Palestiniens, il est passé aux militants irlandais de l'INLA (Irish National Liberation Army), réfugiés en France pour échapper aux services britanniques et rattachés à cette nébuleuse européenne au sein de laquelle ils pouvaient se fournir en armes, faux papiers et tous autres moyens utiles à la vie clandestine.

La vie de Bernard Jégat change de cap avec l'attentat de la rue des Rosiers, haut lieu de la communauté juive dans la capitale. Trois ou quatre militants d'une formation terroriste arabe mitraillent ce jour-là le restaurant de Jo Goldenberg, en plein quartier du Marais. Des grenades alourdissent le bilan. Plusieurs portraits-robots des tueurs sont publiés dans la presse et Bernard croit reconnaître ses compagnons irlandais. Le début de ses malheurs. L'arrivée au pouvoir d'un gouvernement socialiste en France avait modifié son optique. Cibler ce pays ne lui semblait plus une bonne idée, disait-il.

Pris de remords à l'idée qu'il pouvait fréquenter des personnes à l'origine de cet odieux attentat, il cherche à rendre compte de ses préoccupations au plus haut niveau de l'État. Il approche d'abord Régis Debray, à l'époque conseiller à l'Élysée, qui se méfie et éconduit l'individu. Il porte alors son choix sur une icône de la gauche, une figure morale de grande stature, Jean Daniel, fondateur et directeur du *Nouvel Observateur*, qui se montre un peu inquiet de ce que lui révèle Bernard. Il l'oriente vers l'une de ses collaboratrices, qui vient tout juste de boucler un reportage sur le GIGN (Groupe d'intervention de la gendarmerie nationale) et a donc des contacts tout frais. C'est ainsi que Bernard se retrouve dans les bras du fameux capitaine Barril, qui prend l'affaire en main. À sa façon.

Bernard dispose de photos de ses copains irlandais, qu'il met sous les yeux du fringant capitaine. Ensemble, ils les comparent avec les portraits-robots. Pour le gendarme, ce sont eux. Bernard Jégat vit pendant quelques semaines au rythme effréné de cette équipe, avec en point d'orgue l'arrestation des trois Irlandais dans un appartement de Vincennes.

Bernard ne se contentait pas de fréquenter les Irlandais. Il les aidait un peu, notamment en gardant chez lui un sac contenant, entre autres choses, des explosifs et quelques armes, dont un pistolet aux caractéristiques techniques facilement reconnaissables. Lorsqu'il lit dans la presse la description de ce qui a été saisi dans l'appartement de Vincennes, il comprend aussitôt qu'il s'agit en partie du matériel qu'il a confié au capitaine Barril. Choqué, il tente pendant plusieurs mois d'attirer l'attention sur ces sinistres fantaisies. C'est ainsi qu'il explique un jour ses malheurs à la DST. Le premier débriefing passé, il est dirigé vers la division antiterroriste. Un procès-verbal est rédigé, mais gardé sous le coude, ce qui nous vaudra plus tard les foudres de certains magistrats.

Avec le commissaire, je suis chargé de « voir ce qu'on pourrait » tirer de ce personnage. Mais aussi de contrôler l'énergumène, qui a tendance à s'épancher partout où il trouve une oreille attentive, complaisante ou non. Cette seconde partie de notre mission nous échappe complètement. Bernard Jégat connaissait un nombre impressionnant de personnes par l'entremise desquelles il tente d'approcher les milieux politique, administratif, judiciaire et journalistique, afin de faire reconnaître que l'État avait failli et de réclamer une réparation.

Le ramener à la raison n'est pas vraiment une sinécure. Pour éviter à la permanence de la DST d'être submergée par ses appels téléphoniques, je lui ai donné mon numéro personnel. Il m'appelle à la maison dès qu'une idée saugrenue lui passe par la tête, idée qu'il devait bien sûr nous confier le plus vite possible. Lorsqu'il appelait tard le soir, ma femme, comprenant que c'était « Bernard », me souriait et allait se coucher, sachant qu'il me faudrait un bon moment pour le calmer.

Je déploie une énergie particulière pour protéger les différents services de l'État impliqués dans ce dossier, prenant surtout soin de ne rien révéler des opérations que nous avions commencé, J. et moi, à monter avec Bernard. J'avais bien compris, en effet, qu'il était sous écoute, sans doute à l'initiative de la cellule élyséenne ou des Renseignements généraux, voire des deux. Je l'étais d'ailleurs aussi.

Nos objectifs sont sensibles : conformément aux instructions reçues, nous avons confié à Bernard deux missions visant l'extrême gauche. Les terroristes d'Action directe, en liberté, venaient de frapper à plusieurs reprises. Tous les services travaillaient sur le dossier, mais nul ne semblait en mesure de les localiser.

La première cible se situe à Marseille. Il s'agit de l'antenne locale d'une station d'extrême gauche, Radio Mouvance, au sein de laquelle Bernard a quelques relations. Nous l'accompagnons plusieurs fois sur place à bord du tout nouveau TGV. Une fois arrivés à la gare Saint-Charles, nous le laissons vadrouiller toute la journée, tandis que J. et moi visitons cette magnifique ville, prenant le temps de déguster une bouillabaisse et une bouteille de rosé sur le Vieux-Port. À la fin de la journée, nous nous postons à l'endroit indiqué et procédons à une contre-filature par mesure de sécurité, avant de le retrouver pour un débriefing complet dans le wagon du TGV – où il est difficile de prendre des notes à cause des vibrations encore importantes dans ces premiers trains à grande vitesse.

Nos affaires progressent. Ces manœuvres ne sont pas sans risques pour Bernard, et il le sait, mais il est courageux. Cette tentative d'infiltration est cependant interrompue lorsque le second objectif prend le dessus. Il s'agit d'un documentaliste en poste dans un quotidien d'extrême gauche, qui passe pour une mémoire vivante de toute cette mouvance. Il y a tout lieu de croire qu'il détient d'intéressantes informations sur le lieu de résidence des responsables d'Action directe. Bernard a su nouer un lien avec lui, prenant visiblement goût à son nouveau métier d'agent de la DST, le tout dans l'intérêt d'un gouvernement socialiste qu'il appréciait. Tout allait donc pour le mieux dans le meilleur des mondes, même si j'étais limité au niveau de mes recherches à la préfecture de police : le directeur des RG faisait remonter vers lui toutes les demandes effectuées par des policiers de la DST, pour les analyser et découvrir nos objectifs.

Tous nos contacts avec Jégat font bien sûr l'objet de notes très détaillées, transmises à la direction de l'antiterrorisme. Malheureusement, le potentiel de ce vieux documentaliste – une mine d'or – est évoqué par Jean-François Clair, notre chef, lors d'une réunion de l'Unité de coordination de la lutte antiterroriste (UCLAT). Était-ce bien nécessaire ? Ce n'était pas à moi de le décider, même si j'avais mon idée sur la chose. Toujours est-il que notre travail d'approche s'en trouve réduit à néant. Le dossier est aussitôt transmis à la brigade criminelle qui décide de l'interpeller. Comment les fonctionnaires de cette brigade prestigieuse ont-ils pu, un seul instant, imaginer que le militant de la LCR (Ligue communiste révolutionnaire) se laisserait impressionner par une garde à vue ? Il possédait une solide expérience de clandestinité et n'a évidemment rien lâché pendant les quarante-huit heures de son séjour au quai des Orfèvres. L'aurait-on interpellé pour casser une affaire commencée par la DST ? Je ne veux pas y croire, mais notre arrivée sur le terrain de l'extrême gauche n'était pas bien vue des autres services, qui se considéraient un peu comme les propriétaires naturels du domaine.

La situation de notre ami Bernard devient délicate. Il est en contact avec cet homme depuis quelques mois et le voilà déjà pris dans les mailles du filet. Il ne rechigne cependant pas à aller une nouvelle fois au contact. L'homme lui raconte ses mésaventures et finit par lui confier que, sachant la police à ses basques, il a pris la décision de rompre tout contact avec ses camarades pour une année, afin de ne pas les compromettre. La piste est close et la source tarie. Un gâchis qui reste encore difficile à cerner, pour rester courtois.

Bien plus tard, le jour de son départ pour Israël, j'ai tenu à accompagner Bernard à l'aéroport. C'est la dernière fois que je l'ai vu, avec un peu d'émotion car j'avais de l'estime pour ce personnage particulier. Jusqu'au dernier jour, sur son lit d'hôpital, il a clamé sa colère, devant une caméra, de ne pas avoir été reconnu comme une victime de la cellule de l'Élysée. Le dossier des Irlandais de Vincennes, lui, s'était terminé par un magnifique fiasco, entraînant au passage de lourds soucis pour le gradé de la gendarmerie qui avait accepté de cautionner l'affaire sur le plan procédural.

13

Exfiltration express et valise photo

Bruno Bréguet avait derrière lui un lourd passé de terroriste – ou de combattant de la liberté, selon l'endroit d'où l'on se place. Il s'était introduit en Israël pour y commettre des attentats, avant d'y être arrêté et condamné à une peine de prison qu'il avait purgée en partie. Il avait de nouveau été interpellé dans un parking parisien, au volant d'une voiture chargée d'armes et d'explosifs. Lié à diverses organisations palestiniennes et proche du mercenaire Carlos, il s'apprêtait probablement à frapper de nouveau maintenant qu'il était en fin de peine. Il était hors de question de le laisser s'évanouir dans la nature. J'ai été chargé de le récupérer à la porte de la centrale de Clairvaux et de le livrer à la police helvétique, car il était suisse. Le tout, en veillant à éviter tout contact avec les journalistes et à ne pas croiser la route de son avocat, Me Jacques Vergès.

Nous étions au milieu des années 1980. La direction ne lésine pas sur les moyens. Outre d'importants fonds, je peux compter sur les chauffeurs d'élite du groupe d'intervention de la DST, bien entraînés et dotés d'un armement supérieur à celui des autres fonctionnaires du service, en particulier des pistolets-mitrailleurs et des grenades – ils intervenaient souvent, à la demande de l'exécutif, pour couvrir les déplacements confidentiels de certaines personnalités.

Nous partons à une dizaine à bord de trois voitures dont les capacités dépassent les 200 km/h, la veille de l'élargissement de Bruno Bréguet. Pour des raisons de discrétion, j'ai sélectionné un hôtel très modeste à une vingtaine de kilomètres de la centrale. Réveillés vers 2 heures du matin, nous avons du mal à prendre nos douches : dix personnes tirant en même temps sur les canalisations de ce petit hôtel, c'était neuf de trop. Après un petit-déjeuner sur le même modèle, nous arrivons devant la prison vers 4 heures du matin. Tout est prêt et le directeur de la centrale nous remet son prisonnier. Il n'y avait aucun comité d'accueil, ni journalistes, ni Me Vergès. Nous avions étudié l'itinéraire afin de prendre le large en privilégiant les petites routes.

Une voiture ouvre la voie, une autre nous couvre à l'arrière. J'ai pris place sur la banquette arrière du véhicule du milieu, à côté de notre passager. Dans la matinée, nous nous arrêtons dans un café pour avaler des boissons chaudes et quelques croissants. Bruno Bréguet est notre invité et se révèle un homme de très bonne compagnie. J'ai tenté de percer le mystère de la disparition de son avocat pendant sept ans, mais il n'a rien voulu me dire sur le sujet. Il semblerait que Me Vergès était en compagnie du dirigeant palestinien Wadie Haddad, mais à l'époque, ce n'était qu'une hypothèse parmi d'autres.

Bruno Bréguet se montre plus bavard lorsqu'il s'étend sur les conditions de son séjour dans les prisons israéliennes. Les prisonniers étaient contrôlés par la faim et le sommeil, nous explique-t-il. Ils ne recevaient que la quantité de nourriture strictement nécessaire et il y avait plusieurs appels par nuit. Ces ruptures de sommeil et l'état de faim conservaient les prisonniers dans une sorte de langueur permanente.

En fin de matinée, nous sommes arrivés au poste frontière d'Annemasse et nous avons remis l'intéressé aux policiers suisses.

Au début de l'année 1986, un samedi matin, alors que je suis de permanence au service, tombe un télex signé de l'amiral Poindexter, une sommité du renseignement américain. L'information est de taille : le terroriste international Imad Mughniyeh est de passage en France et doit prendre un avion le jour même à l'aéroport d'Orly.

Le responsable de permanence à la division antiterroriste est un commissaire issu du corps des inspecteurs qui ne maîtrise pas encore bien les procédures de la DST. Il m'appelle à l'aide et je rédige une note pour décrire à la hiérarchie la nature du problème.

Une fois sur place, nous rendons visite au directeur de la PAF (la police aux frontières). Notre collègue se montre d'autant plus inquiet qu'il perçoit la sensibilité du cas Mughniyeh, un homme soupçonné d'être responsable, entre autres, de la mort de plusieurs dizaines de nos parachutistes lors de l'attentat du Drakkar, à Beyrouth, le 23 octobre 1983. « Êtes-vous armés ? » nous demande-t-il, craignant une confrontation dans l'enceinte de l'aéroport. Je l'étais, naturellement, mais sans avoir aucune intention de me servir de cette arme dans un endroit aussi fréquenté. J'avais surtout pris la précaution de me munir d'une « valise photo ».

Tandis que la discussion s'éternise, je laisse mon collègue seul avec le directeur de la PAF et m'éclipse, direction la salle d'embarquement. Elle est vide, hormis un groupe d'hommes. Des Iraniens, à m'en tenir à leur allure. Ils sont une dizaine et encadrent l'un des leurs, qu'ils semblent protéger : Imad Mughniyeh, l'un des terroristes les plus dangereux de la planète. La DST n'avait aucune photo de lui et je suppose qu'aucun autre service n'en disposait. Nous n'avions pas reçu l'ordre de l'interpeller, mais je ne pouvais pas laisser l'occasion de réaliser ce cliché. Pas gagné, dans la mesure où il n'y avait qu'eux et moi dans cette salle.

Je m'avance tranquillement et me positionne entre le groupe et les baies vitrées donnant sur les pistes de décollage. Je fais mine de regarder les avions, puis me retourne et leur fait face. Ils regardent tous vers le sol. Je déclenche à cet instant le mécanisme de l'attaché-case que je porte au bout du bras. Il contient l'appareil photo. À chaque pression, l'appareil prend une image. Dans le silence qui règne, l'appareil fait un bruit affreux lorsqu'il se recharge. Difficile d'être moins discret, mais nous étions en 1986.

Les Iraniens comprennent parfaitement ce que je suis en train de faire, mais, à mon grand soulagement, ils choisissent de m'ignorer. S'ils avaient protesté, je ne sais pas ce que j'aurais pu faire contre cette dizaine de gaillards, tous plus costauds les uns que les autres. Mughniyeh, lui, reste d'un calme imperturbable. Les photos dans la valise, je quitte les lieux et rejoins mon collègue, qui commençait à s'inquiéter pour moi. Le plus surprenant, pour quelqu'un qui serait extérieur à cet univers, est que je n'ai ressenti aucune haine à l'égard de ce tueur. Je n'en ai pas eu le temps, trop concentré sur les aspects techniques de ma mission.

De retour au service, je rédige mon rapport en joignant les clichés. J'ignore quelle exploitation en a été faite et n'ai même jamais vu les photos. J'ai supposé que des accords avaient été conclus en très haut lieu pour le laisser filer : l'Iran de Khomeini était à l'époque en plein bras de fer politique avec la France. Quoi qu'il en soit, les Américains n'ont pas apprécié notre attitude et nous en avons eu des échos quelques semaines plus tard. Un matin, alors que j'écoutais RTL en me rasant, j'ai eu la surprise d'entendre un journaliste expliquer que la France avait eu le terroriste à portée de main, mais qu'elle l'avait laissé filer. Comme je m'y attendais, le directeur m'a convoqué pour me demander si j'étais à l'origine de cette fuite. Je n'y étais évidemment pour rien, mais j'avais ma petite idée : pour se venger, les Américains auraient transmis l'information à la presse espagnole, qui s'était empressée de la divulguer.

Cela ne m'a pas été indifférent d'apprendre, plusieurs années plus tard, qu'Imad Mughniyeh était mort dans un attentat. Il avait tué des soldats français, mais quand on fait la guerre…

14

Une taupe chez Madame Madelin ?

La première cohabitation vient de débuter, au printemps 1986. François Mitterrand doit désormais composer avec un Premier ministre issu de l'opposition, Jacques Chirac. Alain Madelin est ministre de l'Industrie, tandis que son ami Gérard Longuet a hérité des Postes et Télécommunications. Ces deux figures montantes de la droite ayant en commun d'avoir milité, dans leur jeunesse, au sein du GUD (Groupe union défense) et du mouvement étudiant Occident. Sur fond d'affinités politiques communes, je suis en contact avec leurs cabinets respectifs, où l'on sait que je travaille dans un service « sensible ».

Je ne tarde pas à être sollicité pour un problème délicat : la femme d'Alain Madelin, avocate, a des soucis avec une secrétaire embauchée par son cabinet. Son nom me dit quelque chose : nous avons interpellé quelques semaines plutôt une équipe de gauchistes militants dans le Collectif « Palestine Vaincra » dont cette femme faisait partie. J'ai moi-même procédé à l'audition du leader du groupe. Je prélève une photo de la jeune femme en question et la fais parvenir au cabinet du ministre pour être certain que l'on parlait bien de la même personne. Je le transmets peut-être un peu tard, mais je rends compte également de cette découverte à mon service.

Le branle-bas de combat se produit après qu'Alain Madelin a sollicité le directeur central des Renseignements généraux, Philippe Massoni. Le lecteur l'a compris, les rapports entre ce service et la DST ne sont pas toujours au beau fixe. Lorsque Philippe Massoni brandit la photo lors d'une réunion de coordination de la lutte antiterroriste, les membres de la DST comprennent immédiatement qu'elle provient des archives de leur service.

Je suis rapidement identifié comme la seule personne susceptible d'avoir fait le lien avec le ministre de l'Industrie, mais il y a plus ennuyeux : certains collègues croient que j'ai rendu compte de ces faits directement à Philippe Massoni, et que je pourrais être une taupe des RG au sein de la DST. Un collègue avec lequel je n'avais que des rapports très distendus se rapproche soudain de moi, sur ordre. Au cours d'un déjeuner au mess de la place Beauvau, il me sonde sur mes relations avec Philippe Massoni. Je le laisse dans l'incertitude et choisis d'aller voir mes deux chefs directs, Louis Caprioli et Jean-François Clair, pour leur raconter la genèse de l'affaire et les assurer que le service n'a rien à craindre de mon côté.

Ce qui me chagrine plus, c'est que plusieurs personnes étaient au courant de cette information sensible et ont jugé bon de ne rien dire, en dépit de la menace. Ni à moi, dont certains savaient que j'avais des contacts avec le cabinet du ministre, ni au ministre lui-même. En fait, il leur avait paru normal qu'une révolutionnaire potentiellement dangereuse soit employée par la femme d'un ministre sans que ce dernier ne soit tenu au courant. Du même tonneau, la suite des événements allait me valoir de sérieux désagréments.

Chaque semaine, la DST recevait un exemplaire du compte rendu de la réunion de l'UCLAT. En tant que chef de groupe, j'en étais destinataire. Je ne l'aurais pas reçu que je ne m'en serais pas formalisé, car je n'y trouvais jamais rien d'intéressant pour les enquêtes que je menais. Ce jour-là, j'y lis que des membres d'Action directe ont décidé de prendre pour cibles des personnages publics à la charnière de grandes industries, ainsi que des ministres ayant eu des liens, dans leur passé, avec l'extrême droite. Sans être nommés, Alain Madelin et Gérard Longuet sont très clairement ciblés. Par les mêmes canaux que précédemment, je fais parvenir une copie de ce rapport au cabinet d'Alain Madelin.

Je comprends rapidement que le ministre n'a pas été prévenu, et Gérard Longuet non plus. Alain Madelin téléphone cette fois à Pierre Verbrugghe, directeur général de la Police nationale, et lui demande sur un mode badin comment se passent les choses sur le front du terrorisme. Le DGPN lui explique que tout est « sous contrôle ». Alain le remercie et lui lit, au téléphone, le paragraphe extrait du compte rendu de l'UCLAT. Pierre Verbrugghe entre dans une violente colère et lance une enquête administrative pour identifier l'auteur de la fuite. Les rapports de l'UCLAT étant traçables, il n'est pas très compliqué de découvrir qu'elle venait de la DST. Raymond Nart percute immédiatement et me convoque. Je travaillais depuis trop longtemps sous ses ordres pour lui mentir.

Je suis convoqué quelque temps plus tard chez le directeur de la DST pour m'entendre dire que je dois formuler une demande de mutation. Je n'ai pas le choix. Quelques semaines plus tard, j'ai été muté à la police scientifique, sous les ordres de Jacques Genthial, l'ancien patron de la Crim', qui se souvenait parfaitement de mes deux procès-verbaux décisifs dans l'affaire de l'attentat d'Orly et ne tarde pas à prendre attache avec moi par téléphone. « Je suis moi aussi au placard, passez me voir, on devrait bien s'entendre ! » me lance-t-il. Le bel enterrement !

La façon dont j'ai dû quitter la DST, service que j'adorais et dans lequel j'avais passé toute ma jeunesse de policier, me reste en travers de la gorge. Tout cela à cause de quelques minables qui se sont abstenus de prévenir deux ministres des dangers qu'ils couraient, parce qu'ils n'avaient pas les mêmes opinions politiques qu'eux. Pauvres types.

Le jour où j'ai salué pour la dernière fois Raymond Nart et son adjoint, Jacky Debain, je leur ai signifié que s'il devait arriver un malheur à l'un de ces deux ministres, les choses n'en resteraient pas là.

*

Dominique Erulin n'était pas pour rien non plus dans ma rupture avec la DST. Alors qu'ils étaient encore en Afrique, lui et son ami Ante Gotovina ont effectué un discret passage par Paris, en plein été. Je l'ai reçu dans l'un des deux ateliers d'artiste dont j'avais les clefs, avant qu'ils ne soient localisés par nos collègues des RG. Dominique a pu repartir sans être inquiété, mais Ante a voulu rester en France malgré mes mises en garde répétées. Il m'a expliqué qu'il serait en sécurité, hébergé par des amis parachutistes. Je n'ai rien contre eux, en étant un moi-même, mais je savais qu'en termes de discrétion, c'était un peu faible. J'avais tellement raison que le Croate n'a pas tardé à tomber dans une embuscade.

J'ai assisté à son procès relatif au braquage d'un bijoutier devant la cour d'assises de Paris, en avril 1986, avant mon départ pour les Caraïbes. J'ai été particulièrement attentif au réquisitoire de l'avocat général et j'ai bien noté que figurait, parmi les griefs qu'il reprochait à Ante, la préparation d'un attentat contre le chef de l'État, François Mitterrand. S'il évoquait cela, c'est qu'il devait y avoir un dossier constitué. Nous n'en avons malheureusement jamais eu connaissance. Le préfet Christian Prouteau a toujours affirmé qu'il avait des rapports, mais il s'est bien gardé de les produire. Pour prouver leur utilité, certains gendarmes de la cellule n'étaient pas à un montage près.

Après sa libération, puisqu'il n'a pas échappé à la prison, Ante Gotovina rentrera en Croatie. Élevé au grade de général, il mènera la reconquête de la Krajina avec l'appui des Américains, qui avaient équipé l'armée du pays en chars et en armes lourdes. Avec plus de dix mille soldats sous ses ordres, il finira par faire l'objet de poursuites, accusé d'avoir couvert le massacre de nombreux civils. Longtemps en cavale, il sera finalement arrêté et présenté à la Cour pénale internationale.

Pour moi, il a été lâché après un accord entre la procureure de la Cour, Carla Del Ponte, et des autorités croates soucieuses de montrer patte blanche à l'orée de négociations en vue d'une adhésion de leur pays à l'Union européenne. La livraison du général était un préalable et lui-même en était conscient, au point de se laisser interpeller. Ses avocats ont demandé son élargissement en attendant le procès, mais cela a été refusé, au prétexte que le militaire en profiterait pour s'évader de nouveau. L'attestation que j'ai fournie à la demande de son avocat, pour expliquer qu'il ferait face à ses responsabilités et ne disparaîtrait pas, n'a été d'aucun secours. Mon courrier en revanche a été joint par la DST à mon dossier. Quoi qu'il en soit, à cette époque, je n'étais plus membre du service de contre-espionnage. Écarté parce que j'avais cru bon d'alerter deux ministres, j'avais bien le droit, me semble-t-il, d'aider un camarade que beaucoup considèrent, dans son pays, comme un héros national.

15

Enquête sous tension en Guadeloupe

La DST ne m'oublie pas : après deux mois de purgatoire, à la veille de l'été 1986, je suis appelé à rejoindre Yves Bonnet, mon ancien directeur, en Guadeloupe, où il vient d'être nommé préfet à la demande du nouveau tandem installé par Jacques Chirac place Beauvau, Charles Pasqua et Robert Pandraud. Des désordres viennent de secouer l'île et Yves Bonnet avait ce profil d'homme à poigne que recherchait le gouvernement. Ce dernier avait exigé de partir avec une équipe réduite de son choix, dont je faisais partie. Le chantier qui nous attendait relevait de notre savoir-faire, puisqu'il s'agissait d'enrayer une vague de terrorisme indépendantiste. Et pour commencer, de retrouver la trace d'une dizaine d'activistes échappés depuis plus de deux ans de la prison de Basse-Terre.

Nous sommes entre amis, en quelque sorte. Notre cellule de crise compte dans ses rangs plusieurs anciens collègues de la DST, M., que j'ai connu à la division antiterroriste, J., mon ancien chef de section, E., longtemps à la tête de l'antenne de Lyon, ainsi que G. et G., nos techniciens. Deux ou trois autres fonctionnaires doivent nous épauler : un brigadier guadeloupéen rattaché lui aussi à la DST et deux membres des RG.

Les débuts sont un peu laborieux, le temps de s'installer et de prendre nos marques. Je ne connaissais rien des Caraïbes. M. en savait plus, car il avait été affecté quatre années en Martinique. Marié à une Martiniquaise, il avait même une bonne maîtrise du créole, même si celui parlé en Guadeloupe était un peu différent. Les deux G. sont vite absorbés par les impératifs techniques des services de police de l'île, mais nous savons qu'ils répondraient présents en cas de besoin. J., M. et moi-même nous concentrons sur la mission de cette « cellule de renseignement et d'action » : rechercher et appréhender les fugitifs, visiblement traqués jusque-là un peu en dilettante par des collègues. Un membre des RG s'est bien mobilisé avec opiniâtreté sur le sujet, mais il a dû se sentir très seul. Nous aurions sans doute pu collaborer utilement avec lui, mais notre cellule préfectorale suscite une certaine méfiance. De plus, il est en partance pour la métropole.

La première chose que je fais, c'est de passer tous les matins quelques heures à l'antenne de Pointe-à-Pitre de la DST. Le commissaire en place vient d'être nommé. L'inspecteur divisionnaire qu'il a remplacé nous a laissé un beau cadeau avant son départ à la retraite : une quarantaine de pages, synthèse complète des mouvements terroristes qui sévissaient en Guadeloupe. J'ai quasiment appris sa note par cœur. Elle allait me servir durant tout mon séjour.

Le travail suivant consiste à extraire les dossiers de toutes les personnes citées par mon excellent collègue. Je les lis entièrement et rédige des synthèses sur chaque individu. Cela ne se déroule pas sans heurts. Mon départ de la DST suscite l'animosité de quelques fonctionnaires, si bien que je suis bientôt interdit de séjour à l'antenne locale du service. Une intervention d'Yves Bonnet, les qualités diplomatiques du chef d'antenne et le fait que j'ai quelques vieux copains dans la place permettent fort heureusement d'arrondir les angles.

L'après-midi, après m'être imprégné de ces lectures, je rejoins M. et nous partons sur le terrain vérifier toutes les adresses que j'ai pu relever. Une mission plus difficile qu'il n'y paraît, eu égard à la topographie des lieux et au nombre d'allées sans nom, ni numéro. Nos repérages se révéleront cependant précieux pour la suite des événements. Nous prenons soin, au passage, de nous présenter à tous les autres services de police, sans oublier la gendarmerie – le commandant de la compagnie de Pointe-à-Pitre est un homme remarquable, avec lequel je suis resté en contact longtemps après mon retour à Paris. Nous avons aussi nos entrées au service régional de police judiciaire.

Au bout de quelques mois, nous en savons plus que certains de nos collègues en poste depuis des années. J'habite à Bouillante, un endroit délicieux sur le plan climatique. Le matin, je regagne Pointe-à-Pitre par la route des Mamelles, qui traverse une forêt idyllique aux fougères géantes, dont la fraîcheur me rappelle ma maison familiale en Haute-Savoie. Puis, il y a cette « nuit bleue » : dix-neuf explosions visant divers bâtiments. Dont mon appartement.

Réveillé en pleine nuit, je pense d'abord à l'explosion d'une chaudière, mais nous n'en avions pas. Arlette, ma femme, s'apprête à se lever, mais je l'en empêche et saisis immédiatement le revolver que je gardais toujours sur la table de nuit avec une réserve de cartouches. J'avais anticipé l'hypothèse que des assaillants surgissent pour nous surprendre et j'étais prêt à les abattre. Je me suis habillé rapidement et suis sorti avec mon arme. J'ai été assailli par une odeur de poudre dans un air saturé de poussière.

Je vois une voiture disparaître au bout de la résidence. Les gendarmes sont arrivés peu après. Comme toutes les nuits, ils étaient en patrouille et ont été alertés par le vacarme. Ma femme prépare du café pour accueillir les voisins venus s'enquérir de notre santé. Quand je dis les voisins, seuls accourent les Guadeloupéens ; les instituteurs métropolitains ne se sont pas déplacés. Sans doute savaient-ils que j'étais policier, une profession à leurs yeux peu fréquentable.

Le lendemain matin, un nouvel attentat vient s'ajouter à une liste déjà longue. La résidence secondaire du président du conseil général de la Guadeloupe et maire de Petit-Bourg, Dominique

Larifla, a elle aussi été ciblée la même nuit. Les indépendantistes annoncent immédiatement qu'ils n'y sont pour rien. Quoi qu'il en soit, ceux qui en voulaient à l'élu ont bien travaillé : la maison ne fait plus que cinquante centimètres de haut.

Ces menaces étaient sérieuses. Dès le début du séjour, l'épouse du préfet s'était inquiétée de le voir faire son jogging tous les jours seul, le long d'une route qui longeait la mer, à Basse-Terre. Elle n'était pas la seule à penser que c'était imprudent. Pendant un certain temps, j'ai donc couru à ses côtés, un sac plastique à la main contenant mon revolver. La suite allait démontrer que nous avions raison d'être méfiants.

Nos investigations tournent autour de Luc Reinette, le leader indépendantiste de l'époque, bien entendu au courant de notre présence dans cette île magnifique où je me demandais parfois ce que la France faisait. L'attentat dont j'ai été victime était-il le signe que nos recherches commençaient à le déstabiliser ? Parmi les membres de sa mouvance que nous rencontrions, il y avait ceux qui lui rendaient compte, ceux qui se taisaient et ceux qu'il soupçonnait de ne rien lui dire alors que nous ne les avions pas vus. Quand on mène une vie conspiratrice, on devient vite soupçonneux, sinon paranoïaque, une faiblesse qui peut conduire à prendre des décisions erronées.

*

Un soir, M. apprend que l'antenne locale de la PJ a interpellé un syndicaliste pour de sombres affaires. Mon collègue détecte aussitôt l'importance du personnage, proche dans un passé pas si lointain de l'Alliance révolutionnaire caraïbe (ARC), le mouvement animé par Luc Reinette. Il profite de son séjour chez nous pour l'approcher et s'entretenir avec lui. Nous décidons de lui faire goûter aux joies de la garde à vue en mode DST et invitons notre homme au restaurant. Une pratique qui permet de nouer un contact bien meilleur que celui que l'on peut avoir entre les quatre murs d'une geôle sinistre.

Accueillant avec sympathie le fait que nous cherchions autre chose que ce que nos collègues de la PJ voulaient lui faire avouer, l'homme se « débloque » d'autant plus aisément qu'il a été balancé à la police par ses anciens camarades. Il connaît bien Luc Reinette pour l'avoir côtoyé au sein de l'organisation indépendantiste et a une bonne familiarité avec ce milieu. S'il ne semble pas décidé à tout nous lâcher, il accepte cependant de nous conduire, en pleine nuit, jusqu'à un chemin menant à une maison perdue au milieu des champs de canne à sucre. La demeure d'une institutrice métropolitaine dans laquelle Humbert Marbeuf, un des adjoints de Reinette, est hébergé. Elle n'est apparemment pas la seule enseignante à apporter un soutien logistique à la cause indépendantiste, au point de loger sous son toit des personnes faisant l'objet d'un mandat d'arrêt ou déjà condamnées. Cette révélation nous ouvre un nouvel horizon. L'un de ses propres frères ne nous a-t-il pas dit, sous forme de devinette, que Luc Reinette était « planqué beaucoup plus près de nous que nous pouvions le penser » ? Nous n'avions pas fini de nous questionner sur le sens de cette drôle de phrase.

Nous avons soigneusement repéré les lieux, avant de ramener le syndicaliste à ses gardiens, non sans lui avoir fait promettre qu'il devait garder le silence sur notre virée et l'avoir assuré que nous reviendrions le voir.

J. était un pilote d'avion confirmé, avec plus d'un millier d'heures de vol à son actif. Je m'équipe d'un appareil photo très performant et nous survolons la zone. Je peux photographier l'environnement de la fameuse maison et repérer les différents chemins d'accès. Notre cellule était dotée de matériel haut de gamme, en particulier d'une rare paire de jumelles à amplificateur de brillance. Munis de cet instrument, nous engageons des randonnées de nuit et planquons à quelques dizaines de mètres de l'entrée de la maison, pas plus près à cause des deux chiens de garde, mais suffisamment pour identifier les numéros des véhicules qui viennent rendre visite au couple. De quoi avoir une idée assez précise de l'identité des personnes qui fréquentent les lieux.

Puis nous passons à la partie plus technique, avec l'appui de nos deux G. Ils font merveille avec les moyens du bord, encore limités à l'époque. La maison est placée sur écoute, le terminal étant installé dans les locaux d'une gendarmerie voisine. S'il était possible d'identifier les numéros appelés par l'objectif sous surveillance, il était en revanche impossible de connaître les numéros qui appelaient. L'un des G. bricole un dispositif pour nous tirer d'affaire. Il suffit d'appuyer simultanément sur deux petits leviers pour déclencher un signal qui permet au directeur départemental des Télécoms de relever par lui-même (confidentialité oblige) le numéro qui a appelé. Aussitôt prêt, aussitôt posé : dès le lendemain, ce nouveau système nous permet de localiser un boîtier de distribution qui dessert quatre maisons. Laquelle des quatre abrite-t-elle Luc Reinette ?

Lors de mon arrivée en Guadeloupe, je me suis aperçu que sur cette petite île de 300 000 habitants, beaucoup de gens parlaient des fugitifs. Parfois de façon tout à fait fantaisiste, mais pas toujours. J'avais ouvert un « cahier des rumeurs » où je notais toutes sortes d'informations. L'une d'elles assurait que le leader indépendantiste circulait à bord d'une voiture Peugeot 204. Nous avions accès au fichier des cartes grises, mais le nombre de Peugeot en circulation nous avait dissuadés de poursuivre dans cette voie. Une Peugeot de ce type était cependant stationnée devant l'une des quatre maisons. La propriétaire était également une institutrice métropolitaine. Dernière vérification par le biais des écoutes : il s'agit bien de la voix de Luc Reinette.

« Vous, vous avez une bonne nouvelle pour moi ! me lance le préfet Yves Bonnet en découvrant ma mine réjouie. — Exact. — Dans combien de temps pouvons-nous procéder aux interpellations ? — Si nous étions à Paris, l'affaire serait réglée en deux semaines. Ici, je dirais qu'il va nous falloir environ deux mois pour boucler l'affaire. »

Nous avions localisé les deux principales figures du mouvement indépendantiste, Luc Reinette et Humbert Marbeuf, son bras droit, un homme potentiellement dangereux. Nous avions aussi repéré les planques de deux autres militants. Ma plus grande hantise était une fuite intempestive. Je ne me méfiais pas des policiers guadeloupéens plus que d'autres, mais nous ne connaissions pas leur passé. Certains avaient côtoyé l'un des fugitifs sur les bancs de l'école, sans compter les liens familiaux que nous étions incapables d'appréhender. Le directeur des RG de la Guadeloupe était cependant proche de ses hommes et n'a mis dans la confidence que ceux dont il était parfaitement sûr.

Pour affiner notre coup de filet, nous allons régulièrement rendre visite à notre informateur en prison. Il se montre très attentif à nos progrès et comble volontiers nos lacunes. Nous en profitons pour échanger avec un autre prisonnier, en l'occurrence une femme qui travaillait dans l'humanitaire et avait prêté assistance à des gens dont elle aurait dû davantage se méfier. J'ai quitté la Guadeloupe avant que cette jeune femme ne soit libérée, mais lorsque j'ai appris son décès, j'ai éprouvé pour elle une réelle compassion, tant elle avait été mal récompensée d'avoir tout donné aux autres.

*

Lorsque les politiques se mêlent de négocier avec des terroristes, cela peut donner lieu à quelques incompréhensions, pour ne pas dire autre chose. Un jour, alors que nous sommes en train de proposer à un individu proche de l'ARC de collaborer avec nous, il a la loyauté de nous révéler que nous ne sommes pas les seuls sur le créneau. Nous, nous traquions les terroristes pour les interpeller et les renvoyer devant la justice. Ce ne me semblait pas être le cas de cette équipe de la DPSD (direction de la protection et de la sécurité de la Défense), expédiée en Guadeloupe pour parvenir à un compromis avec les indépendantistes. Nos concurrents disaient être missionnés par le gouvernement pour proposer la cessation des hostilités, et donc des attentats, en échange d'une attitude complaisante de l'État. Nous alertons immédiatement le préfet Bonnet, qui appelle aussitôt le ministère de l'Intérieur. Et l'équipe « diplomatique » de la DPSD est mise dans le premier avion en partance pour la métropole.

Ce n'était pas la première interférence néfaste à laquelle j'assistais. Dans le cadre de la lutte contre le terrorisme arménien, alors que je transcrivais la déposition d'un couple, il m'avait été demandé de laisser de côté mon procès-verbal au profit de notes manuscrites. Je n'étais pas contre en principe, car le but d'un service de renseignement est avant tout de recruter des informateurs réguliers et certaines confidences ne peuvent être écrites. Mais ce cas de figure était différent. Le couple était en contact avec un personnage puissant, un conseiller auprès du ministère de la Justice naviguant entre la sphère politique et la haute administration.

Adoubé par François Mitterrand, cet ancien magistrat se faisait fort d'approcher des activistes en leur promettant qu'ils échapperaient à toute démarche intempestive s'ils rentraient dans le rang. Les services n'étaient bien entendu pas au courant de ces démarches et devaient généralement se plier. Ce qui générait chez les enquêteurs une dose d'amertume supérieure à la moyenne. En Guadeloupe, nous avions eu le dessus.

*

L'heure est enfin venue de passer à l'action. Épaulés par des gendarmes et des CRS et assistés par les collègues du SRPJ en charge du traitement judiciaire de l'affaire, nous nous répartissons les quatre objectifs. Avec M., nous nous concentrons sur Marbeuf. Nous connaissons bien la maison pour avoir longuement planqué à proximité. L'intervention était compliquée par la présence d'un enfant. Une prise d'otage n'était pas à exclure. Pour l'éviter, nous entrons directement dans la chambre de l'enfant pour le mettre à l'abri. Les deux bergers allemands à l'air peu commode nous ont sauté dessus quand nous avons franchi la barrière, mais c'était pour nous faire la fête. Comme chiens de garde, c'était raté.

La femme est neutralisée à son tour et mise en sécurité. Avec un camarade du SRPJ, je me dirige vers la salle de bains, où se trouve notre homme. Marbeuf se laisse menotter sans difficulté. La perquisition terminée, un membre de la PJ a la perspicacité de vérifier les chaussures qu'il allait enfiler : un petit révolver était dissimulé à l'intérieur. Sans ce geste de contrôle, l'individu aurait eu le temps de nous tirer dessus, avec les conséquences que l'on peut imaginer. Il n'avait pas fini de s'illustrer. Durant sa garde à vue, il se jette depuis la coursive de la caserne de CRS. Il s'en sort avec quelques fractures, mais l'un de ses plombages dentaires lui perce la gencive – certains indépendantistes ont voulu faire croire que nous lui avions tiré une balle dans la bouche.

Je débute l'interrogatoire de l'institutrice, avec M., vers 11 heures. Un procédurier de la PJ est là pour mettre les PV en forme, mais nous sommes à la manœuvre. Au fil des heures, je la vois s'affaiblir, et vers la fin de l'après-midi, nous recueillons des aveux complets et circonstanciés. Le coup de filet n'était cependant pas une totale réussite, puisque Luc Reinette n'était pas présent dans la maison où nous l'avions localisé. Nous n'avions pas mis de surveillance physique en place par crainte d'être repérés. Le leader de l'ARC avait certainement l'habitude de changer régulièrement de résidence.

La tension monte d'un cran. Yves Bonnet et son directeur de cabinet entretenaient des relations suivies avec les milieux économiques de l'île, où l'on en savait beaucoup sur les projets des indépendantistes. Il se murmurait même qu'une forte somme d'argent avait été donnée à ces derniers en échange d'une forme de tranquillité. Le préfet me fait venir dans le bureau de son second pour me mettre en garde. Je prenais déjà beaucoup de précautions, mais j'ai compris que certains éléments me ciblaient directement. Il était même envisageable qu'ils cherchent purement et simplement à m'éliminer et j'étais inquiet pour mon épouse, qui était souvent à mes côtés lorsque je me déplaçais.

Durant près de trois semaines, je circule en voiture vitres baissées, mon automatique à la main, prêt à faire feu sur toute personne qui montrerait une attitude menaçante ou trop curieuse. Le temps pour nous de continuer à désorganiser le réseau indépendantiste en procédant à de nouvelles interpellations, j'ai même muni ma femme d'un revolver avec des consignes très strictes. Ma pauvre Arlette n'était pas du tout préparée à ce genre d'aventure.

En fait, les terroristes ne voulaient pas me tirer dessus : ils ambitionnaient de faire sauter ma voiture. On a retrouvé lors d'une perquisition des minuteurs récupérés sur des machines à laver pour fabriquer leur engin infernal. J'avais envisagé une opération de ce genre. Heureusement, le parking de la résidence où je demeurais était en pente et lorsque je sortais de chez moi, j'avais une vue parfaite sur le plancher inférieur de mon véhicule. Je procédais toujours à une rapide inspection avant de démarrer le moteur, en prenant soin de laisser les portières ouvertes. Ces précautions n'auraient sans doute pas suffi avec une bombe sophistiquée, mais ils n'ont pas eu le temps de mettre leur plan à exécution. Un projet que j'ai matérialisé par la suite avec l'aide d'A., qui n'était pas seulement ma voisine à Bouillante, mais aussi la femme de ménage du SAT (service administratif et technique) de la police en Guadeloupe. Lorsque je me rendais à la préfecture, je la prenais dans ma voiture pour lui éviter de prendre le car collectif. Elle s'entendait par ailleurs très bien avec ma femme, à qui elle avait présenté ses copines commerçantes sur le marché de Basse-Terre. Jusqu'au jour où elle n'a plus voulu que je l'accompagne. Sans raison objective. Un demi-aveu.

*

Luc Reinette reste l'objectif principal. La visite que nous rendons à ses parents l'incommode vivement. Nous entrons également en contact avec d'autres membres de sa famille, dont plusieurs de ses frères, auprès desquels nous nous livrons à une intoxication sur laquelle je ne m'étendrai pas. Le leader indépendantiste se persuade que nous sommes en mesure de le localiser et qu'il est entouré de « balances ». Il décide alors de quitter la Guadeloupe par les airs avec quatre ou cinq complices, dont un pilote travaillant à l'aéroport de Pointe-à-Pitre, sur le territoire des Abymes. Ils visaient le Suriname, pays voisin du département de la Guyane. Ils pensaient être accueillis en héros sur place, mais les autorités locales les repoussent et ils échouent à Saint-Vincent, à côté de l'île de la Barbade. Mauvais choix, puisque le Premier ministre en exercice décide de prendre conseil auprès d'Eugenia Charles, une personnalité politique très importante de l'archipel des Caraïbes, qui s'entend très bien avec notre préfet. « Tu les stoppes et tu les donnes aux Français » : telle est sa consigne, aussitôt suivie d'effet. Nous partons récupérer nos lascars à bord d'un Transall de l'armée.

Le voyage retour a été l'un des plus beaux de ma vie. Nous avions accroché nos prisonniers à leurs sièges avec des menottes et nous étions collés aux hublots de l'appareil – il n'y en a pas beaucoup dans un Transall. Le pilote ne vole pas très haut, entre 300 et 400 mètres d'altitude, et incline légèrement son appareil pour nous permettre de voir défiler toutes les îles de l'arc caribéen. Magnifique. Il ne reste que la routine procédurale. Le procureur Alain Marsaud et le juge Jean-Louis Bruguière débarquent, avant de repartir vers la métropole avec toute l'équipe. Même la très jolie institutrice, encore une, qui protégeait Luc Reinette – par conviction –, a été neutralisée. Faute d'un nombre de paires de menottes suffisant, elle avait voyagé les mains libres.

La mission est terminée, mais pas les surprises. Un jour, mon épouse me dit qu'A., notre voisine, a quelque chose à me dire. Elle craint que cette conversation ne me mette en colère. Je décide de voir A.

Il s'agissait du policier guadeloupéen que nous avions intégré à notre équipe. Il habitait la même résidence que nous, juste en face. Je lui avais réservé un des plus grands appartements, du fait qu'il avait plusieurs enfants. Un jour, il était venu voir A. Il lui avait dit qu'il savait qu'elle montait souvent dans ma voiture pour aller en ville. Il fallait qu'elle cesse car j'allais avoir de gros problèmes avec la voiture. Pour moi, notre collègue devait être en contact avec les terroristes. Avaient-ils exercé des pressions sur lui ? Si tel était le cas, il avait – au mieux – omis d'en faire état auprès de sa hiérarchie.

Je n'ai pas attendu longtemps avant de raconter toute cette histoire à Yves Bonnet. « Je vous interdis de le tuer », m'a-t-il dit. Le préfet savait que je pouvais être impulsif. J'ai choisi d'ignorer ce collègue que je considérais comme une crapule. Des années plus tard, la cellule préfectorale dispersée, j'ai su qu'il travaillait pour le directeur départemental de la Sécurité publique. S'il avait encore été dans les murs, je pense qu'Yves Bonnet aurait certainement pris les dispositions qui s'imposaient.

Il y a cependant une chose qui m'a fait plaisir. Nous avions dans notre résidence un voisin guadeloupéen, syndicaliste de l'UPLG (Union populaire pour la libération de la Guadeloupe). Il avait été chargé par ses amis indépendantistes de me surveiller. Je l'avais identifié. Cela ne me dérangeait pas, mais en cas de besoin, les mesures de représailles n'auraient pas tardé. Un matin, l'affaire bouclée, je suis tombé sur lui alors que j'allais faire une course à l'épicerie de la résidence. Il a lâché la voiture qu'il était en train de bricoler, a marché vers moi et m'a tendu la main sans un mot. Nous nous sommes serré la main en silence. Cela signifiait pour lui que la guerre était terminée. Depuis ce jour, nous nous sommes salués à chacune de nos rencontres.

16

Ma vérité sur l'arrestation des membres d'Action directe

L'arrestation des quatre piliers du groupe Action directe, Jean-Marc Rouillan, Georges Cipriani, Nathalie Ménigon et Joëlle Aubron, le 21 février 1987, a été dûment célébrée par le ministère de l'Intérieur. On a raconté qu'ils étaient tombés dans un piège de la DCRG au bout d'une longue enquête, et ce service a été grandement félicité. Ce n'est pas, d'après moi, l'exacte vérité.

Durant la traque de Dominique Erulin, comme je faisais l'objet de surveillances de la part des RG et de la cellule de l'Élysée, je ne suis pas resté inactif. C'était pour moi une question de sauvegarde et j'ai noué un certain nombre de bons contacts parmi les agents de l'État, pour déjouer certaines de leurs manœuvres. Bien des fonctionnaires étaient irrités, comme moi, par la façon dont certains de nos collègues s'agitaient auprès des autorités pour les convaincre de l'imminence d'un danger en provenance de l'extrême droite. De ce que j'en ai compris, l'idée selon laquelle un groupuscule préparait un attentat contre François Mitterrand aurait en fait été soufflée à la cellule par des policiers des RG. Je tairai leurs noms, mais Christian Prouteau, chef de cette fine équipe, semble s'être laissé convaincre d'autant plus facilement que cela correspondait aux craintes secrètes du président de la République.

Tous les policiers n'avaient pas le cerveau malade et, refusant cette théorie du complot, m'ont aidé à prendre certaines mesures de sécurité et à me protéger, en même temps que mon ami Erulin. C'est par ces mêmes canaux que j'ai découvert que la DST était en fait à l'origine de l'information qui avait permis à la DCRG de retrouver la piste des terroristes d'Action directe.

Dès que l'occasion s'est présentée, à mon retour de Guadeloupe, j'ai revu Raymond Nart. Il ignorait que le service avait joué un rôle majeur dans l'arrestation des membres d'Action directe et m'a suggéré de lui apporter des informations complémentaires. J'ai revu mes sources et suis revenu quelques semaines plus tard raconter toute l'histoire à mon ancien directeur.

La voici : la SORS, unité de pointe de la DCRG, était dirigée à l'époque par l'inspecteur divisionnaire Serge Savoie. Il avait sous ses ordres une enquêtrice que je connaissais bien pour l'avoir repérée à de nombreuses reprises derrière moi lorsque je faisais l'objet de filatures. Celle-ci avait passé le concours d'inspecteur. À sa sortie d'école, elle avait été affectée à la DST.

Peu avant mon départ en Guadeloupe, lors d'une visite à Raymond Nart, j'avais aperçu cette enquêtrice en partance pour le mess avec des collègues. J'avais évoqué son ancienne affectation avec le directeur en émettant des doutes, sur un mode ironique, sur sa loyauté à l'égard du service. Je ne croyais pas si bien dire. L'inspecteur qui partageait son bureau se rendait souvent dans la région d'Orléans. Un week-end, alors qu'il était là-bas et comme il allait faire ses achats dans une grande surface de la région, le policier de la DST avait eu la surprise de croiser une femme dont la ressemblance avec Nathalie Ménigon l'avait frappé. Il était presque certain de l'avoir reconnue.

C'est à ce moment que les choses ont dérapé. L'enquêtrice aurait déconseillé à son voisin de bureau de rendre compte à la DST et elle aurait prévenu directement son ancien patron, l'inspecteur divisionnaire Savoie. Comment a-t-elle réussi une telle manœuvre ? Peut-être lui a-t-elle fait miroiter les récompenses pécuniaires qui allaient forcément suivre.

Le fait est que la SORS a pris l'affaire en main, d'une manière tout à fait professionnelle d'ailleurs, et que nos collègues ont repéré à nouveau Nathalie Ménigon dans cette grande surface. Ils l'ont prise en filature et sont remontés jusqu'à la ferme où, quelque temps plus tard, avec l'appui du RAID, la DCRG a interpellé toute l'équipe.

Parmi les participants à cette enquête éclair, j'avais plusieurs camarades. Ils m'ont confirmé qu'ils avaient tous été récompensés en espèces sonnantes et trébuchantes. Ceux qui étaient à l'origine du bon tuyau, dont l'enquêtrice, n'ont bien sûr pas été oubliés. Une grande réception a été organisée à l'hôtel Bristol, à proximité du ministère, pour honorer les vaillants policiers, mais la DST, à ma connaissance, n'a pas été conviée à la fête.

Quelques semaines plus tard, un journaliste de *L'Express*, mieux informé que les autres, a publié un article dévoilant une partie de l'affaire. Il a été démenti, mais la DCRG a pris la précaution d'envoyer dans toutes les antennes du service un commissaire divisionnaire, que je connaissais bien, pour contredire les informations de l'hebdomadaire et rétablir la vérité officielle auprès des collègues.

L'enquêtrice n'a pas tardé à obtenir sa mutation à la SORS, service qu'elle n'aurait jamais dû quitter ; son collègue de la DST, qui l'avait bien aidée, a semble-t-il eu quelques soucis dans le service. Il avait oublié que les renseignements sont truffés de pièges. Quant à la SORS, sa réputation en a été ternie, car dans le métier, tout le monde a bien compris qu'elle s'était approprié une affaire dont elle n'était pas à l'origine. Il aurait été plus honnête de remercier les véritables auteurs de l'information. Il me faut cependant rendre justice à Serge Savoie, qui, dans un livre, a fini par reconnaître que l'information provenait en réalité d'un jeune inspecteur de la DST, tout en essayant, de façon assez alambiquée selon moi, de justifier le comportement de ce fonctionnaire et de sa collègue[1].

1. *RG, la traque d'Action directe*, Nouveau Monde Éditions.

17

Moscou *by night*

Je suis revenu des Caraïbes en janvier 1988 et j'ai refusé mon affectation au commissariat de Gennevilliers (Hauts-de-Seine). Charles Pasqua était encore ministre de l'Intérieur et j'ai fini par trouver un point d'atterrissage au service de coopération technique internationale de police (SCTIP), grâce à l'intervention de Raymond Nart auprès d'un ancien copain de promo. Son remplacement par Pierre Joxe quatre mois plus tard, après un changement de majorité, modifie mes perspectives. Le nouveau ministre socialiste mise beaucoup sur l'exportation de matériel de sécurité, mission qu'il confie à la Sofremi, une société créée à cet effet. Tel est le travail qui m'incombe auprès du directeur du SCTIP. Loin de cette police active qui m'a tant passionné, je centralise toutes les demandes en provenance des pays où nos délégations sont implantées. Je les instruis sur le plan technique, commercial et financier, et renvoie le dossier en espérant qu'il soit suivi de commandes. L'occasion pour moi d'entrer en relation avec de nombreuses entreprises.

Lors d'une visite de nos locaux, les délégués de la Sofremi découvrent l'ampleur de la documentation que j'ai constituée en six mois – une seconde nature depuis mon passage à la DST. Ils proposent que je rejoigne leur structure. Comme cela m'arrangeait de ne pas m'installer dans un pays étranger, ayant une fille qui venait d'entrer au lycée, je les rejoins en juin 1989. Cette société d'économie mixte comptait plus de militaires que de policiers, la négociation en cours d'un gros contrat avec l'Arabie saoudite expliquant sans doute cela – véritable mirage, ce contrat n'aboutira jamais mais fera les gros titres de la presse. J'ai la chance de partager mon bureau avec le seul de leurs collaborateurs issu du privé. Parlant parfaitement l'anglais depuis un séjour aux États-Unis, il m'apprend tout en matière de commerce international, domaine dans lequel on peut monter autant de coups tordus que dans la police, une très bonne école en la matière.

L'un de mes premiers dossiers me conduit en Tunisie, où il s'agit de moderniser l'équipement d'une Garde présidentielle forte de quatre cents soldats. Les relations entre la France et le président Ben Ali sont à l'époque très chaleureuses, ce qui nous facilite la tâche. Outre les tenues et l'armement, il fallait prévoir le cortège de voitures pour les déplacements officiels, la couverture radio et l'organisation d'une salle de commandement à la Présidence. Sous les ordres du président de la Sofremi, l'inspecteur général Philippe Melchior, j'effectue plusieurs déplacements à Carthage, siège du palais présidentiel, pour y rencontrer le Général commandant la Garde et son adjoint, un colonel très sympathique qui devient mon principal contact. Au fil de nos livraisons – nous transportions nous-mêmes, par bateau, les voitures équipées de moyens radio –, j'ai appris à aimer ce pays où j'irai vivre bien plus tard.

Notre mission en Jordanie présente elle aussi des aspects très diplomatiques. À l'approche de la première guerre du Golfe, en août 1990, les éminences de la place Beauvau jugent opportun de répondre favorablement aux demandes de ce potentiel allié, aux premières loges en cas de conflit au Proche-Orient. Les Jordaniens sont essentiellement intéressés par notre savoir-faire et notre professionnalisme en matière de maintien de l'ordre, comme ils nous l'expliquent au cours de notre mission à Amman. Le programme est chargé : un service de police par jour. Les locaux sont plutôt bien tenus et le travail bien organisé. Les Britanniques les ont dotés d'un laboratoire de police scientifique dernier cri. Les Allemands fournissent véhicules et motocyclettes. Les Américains ont informatisé toute la police du pays (ce qui leur garantissait sans doute un accès caché à l'ensemble des dossiers).

Sur le chemin d'Aqaba, après un site archéologique et une promenade à dos de chameau – plus jamais ! –, nous avons visité une prison. Elle était plus propre qu'un hôpital chez nous. Les prisonniers portaient tous la barbe, ce qui permettait de les distinguer facilement des surveillants, reconnaissables à leur moustache. Des files de camions remontaient en sens inverse, l'Irak ayant subitement fermé sa frontière – essentiellement des Mercedes, comme les voitures au volant desquels roulaient de nombreux Saoudiens, désireux, pour certains, d'étancher leur soif d'alcool chez leur voisin plus permissif.

Au gré de ces déplacements, nos homologues nous expliquent leur problématique : les engins lanceurs d'eau de la police française pourront-ils manœuvrer dans leurs ruelles étroites et pentues ? Nos moteurs sont-ils suffisamment puissants ? Nous prenons note, en attendant de recevoir à notre tour une délégation de la police jordanienne à Paris. Pas vraiment avec classe : les patrons du SCTIP ayant probablement ce jour-là d'autres chats à fouetter. Mais je me suis efforcé de faire sentir aux Jordaniens l'estime et le respect que j'avais pour eux. Et lors du déjeuner final, j'ai improvisé un petit discours en réponse au toast qu'avait porté à Amman le directeur de la police, un homme d'une soixantaine d'années au charisme indéniable.

Peu de temps après, plusieurs camions lanceurs d'eau ont été expédiés en Jordanie.

*

En octobre 1990, j'ai une petite inquiétude lorsque mon directeur m'annonce que je dois me rendre à Moscou. Le maire de la ville voudrait notre avis sur l'équipement et l'organisation de sa Milice

– la police de la ville. Mon nom est apparu dans nombre de procédures de la DST et nous savions que les avocats proches du Parti communiste transmettaient tous nos procès-verbaux, archivés dans les dossiers de la Loubianka. J'obtiens mon visa un peu curieusement et m'envole avec deux partenaires, dont le directeur de la logistique du ministère, à la fois énarque et karatéka – il ne devait pas y en avoir beaucoup dans son cas.

Mes deux acolytes franchissent le poste-frontière de l'aéroport en quelques secondes. Quand arrive mon cas, le garde-frontière saisit son téléphone. Un gradé se présente dix minutes plus tard, regarde à son tour mon passeport et téléphone à un officier supérieur, qui me fait un clin d'œil appuyé et m'invite à rejoindre mes camarades. Sachant comment fonctionnent les services du monde entier, j'ai su les rassurer.

Nous sommes logés dans un bâtiment du ministère de l'Intérieur, tenu par des femmes dont l'allure évoque des gardiennes de prison, mais qui se révèlent très sympathiques. Après un petit-déjeuner roboratif – saucisse, petits pois et lait caillé –, nous allons chaque matin visiter un nouveau service de la police moscovite. Les OMON (forces de maintien de l'ordre) sont équipées de matériels bien plus conséquents que nos CRS. Là où nos camions à eau peuvent embarquer 6 000 litres au maximum, les leurs en contiennent jusqu'à 25 000. Ils ont monté des citernes géantes sur des camions habituellement utilisés pour faire défiler les missiles balistiques. Quant à leurs grenades offensives, elles dégagent une boule de feu de près d'un mètre de diamètre. Vraiment impressionnant.

Nous circulons en Volga, de grosses voitures qui me rappellent la Renault Frégate de mon oncle. Certains de leurs véhicules sont équipés d'un système permettant de les géolocaliser, le seul inconvénient étant que l'appareil occupe l'intégralité de l'espace du coffre. Pas vraiment convaincant. De gros gâteaux à la crème ponctuent chacune de nos visites, accompagnés de thé et de vodka pour les toasts d'usage. Quant au contrôle des bagages des passagers des avions, il est effectué… dans un immeuble du centre-ville, où les valises sont entourées d'un film plastique. Facile tant qu'on ne doit pas traiter des milliers de voyageurs.

Trois Russes nous accompagnent durant notre séjour, dont un jeune interprète qui parle couramment français. Les choses se gâtent lorsqu'ils décident, pour nous faire plaisir, de nous conduire dans l'un des cabarets de l'Hôtel Intourist, contrôlé par le tout-puissant KGB. Alors que se démènent des danseuses orientales très dénudées, les agents nous ordonnent, ainsi qu'à nos camarades de la mairie de Moscou, de quitter immédiatement les lieux. Nous nous retrouvons dans le couloir, nos hôtes ne sachant pas très bien comment poursuivre cette soirée à peine commencée. C'est à ce moment que je leur propose de rejoindre le bar de nuit dont m'ont parlé nombre de mes informateurs au temps de la DST.

Nous ne sommes pas seuls dans ce bar, devant un verre d'excellente vodka et quelques bières. Américains, Anglais, Allemands, Japonais, la clientèle est internationale et exclusivement masculine. Les ravissantes créatures que m'avaient dépeintes les hommes d'affaires français de retour d'URSS étaient toujours là. Curiosité, quatre hommes s'installent à la table voisine quelques minutes après notre arrivée. Nous continuons à bavarder par le truchement de notre interprète, à qui je fais remarquer qu'aucune jeune femme ne cherche à nouer la conversation avec nos voisins, pas plus d'ailleurs qu'avec nous. Sont-ils gays ? Ou peut-être policiers ? Mes questions provoquent un éclat de rire général, puis notre interprète se lève et descend dans le sous-sol de l'établissement. Quelques minutes plus tard, il remonte et nous voyons un homme chuchoter à l'oreille de l'un de nos voisins, lesquels plient bagage et quittent la salle en nous souhaitant une bonne soirée. Comme nous avions deux voitures garées devant le bâtiment, je tente de convaincre nos accompagnateurs de nous en laisser une et un chauffeur et de nous autoriser à poursuivre notre soirée dans cet endroit fascinant. Cela se révèle malheureusement impossible.

La visite de la place Rouge est en revanche au programme officiel. Pour un ancien fonctionnaire de la DST, ce n'est pas rien que de se retrouver dans un endroit aussi symbolique. Dans la foulée, nous passons à quelques dizaines de mètres du siège du KGB, ce que je n'avais jamais imaginé pouvoir se produire. Quant au diagnostic que nous avons porté sur nos collègues moscovites, nous leur avons dit qu'ils avaient développé des solutions comparables à celles de toutes les grandes métropoles, et cela a semblé les combler.

*

Lorsque l'on sort son arme, ne jamais mettre l'index sur la queue de détente. Cette règle, que je me suis fixée depuis le début de ma carrière, permet d'éviter qu'une crispation involontaire ne provoque un drame. Les soldats togolais ne l'avaient pas tous à l'esprit, si j'en juge par ce qui est arrivé à ce collègue du SCTIP en poste à Lomé depuis près de quinze ans. Les dirigeants locaux réclamaient à chaque fois sa prolongation, car il connaissait parfaitement le pays. C'est lui qui m'accueille lors de cette mission au cours de laquelle je suis censé préparer la modernisation des stations radio de la vingtaine de commissariats de la capitale. Pour soumettre le marché aux groupes industriels français, nous avions besoin de connaître les fréquences utilisées par la police.

C'est dans ce cadre que le pilier de l'antenne du SCTIP me conduit jusqu'au bâtiment de la Garde présidentielle. Mais le contexte est peu favorable. Des émeutes particulièrement violentes viennent de secouer la ville. Magasins, garages, tous les commerces ont été pillés. Fenêtres, câbles électriques, même les climatiseurs ont été emportés par des manifestants. Une quarantaine de soldats montent la garde devant le bâtiment où nous devons nous rendre, qui est situé au fond d'une impasse. Dépenaillés, ils portent tous à la main un fusil automatique. Mon camarade, pourtant habitué au pays, n'a jamais été témoin d'une telle tension. Il parlemente avec un gradé. Il semble que le capitaine responsable des fréquences ne soit pas disponible pour nous recevoir.

Nous entamons un demi-tour avec la plus grande circonspection. Par la vitre baissée, j'observe le canon d'un AK-47, culasse à l'arrière, entre les mains d'un soldat qui se dandine de façon peu rassurante. Nous parvenons à nous extraire des lieux, aidés par le fait que mon collègue est parfaitement identifié par les gradés qui entourent le président en poste depuis 1965, Gnassingbé Eyadéma.

La mission a été remise à plus tard, mais mon collègue a fini par payer le prix de cette nervosité militaire. Un soir, de retour d'un dîner amical avec sa fille, son véhicule a été stoppé à un barrage. Alors qu'il se faisait connaître du responsable de ce *check point*, un soldat tout proche a lâché par mégarde une rafale de fusil d'assaut qui lui a arraché l'épaule gauche. Notre collègue a fort heureusement survécu mais conservera un handicap toute sa vie.

L'idée a germé dans l'entourage de Pierre Joxe que les Sénégalais pourraient confier la sécurité de la prochaine Conférence islamique, programmée pour le 9 décembre 1991, à la France. Je pars en précurseur avec un commissaire divisionnaire et un homme qui avait des liens très forts en Afrique, pour préparer le voyage de ce grand ministre de l'Intérieur, un homme d'un abord peu commode mais au charisme évident. Il devait dîner avec le président de la République sénégalaise, au cours duquel devait être évoqué le sujet de cette conférence au sommet. Après quoi le ministre aurait orienté les officiels vers notre délégation pour entrer dans le concret.

Les choses ne se passent pas comme prévu. Le sujet ne vient pas sur la table durant le dîner. Je vous laisse imaginer la colère de Pierre Joxe, qui repart pour Paris le lendemain matin dans un avion du GLAM (Groupe de liaisons aériennes ministérielles). Les membres de la délégation française s'efforcent de suivre le ministre, qui marche à grandes enjambées vers l'appareil. Pierre Joxe est si rapide que tous ces gens sont obligés de courir pour se maintenir à sa hauteur. En ce qui nous concerne, nous nous tenons sagement en arrière, peu désireux de pratiquer un footing sous les latitudes africaines.

J'ai cru comprendre que la semaine suivante, le président de la Sofremi avait été convoqué dans le bureau du ministre et que l'entretien n'avait pas été des plus confortables pour lui. Et nous n'avons plus entendu parler des relations étroites de ce troisième homme censé nous ouvrir toutes grandes les portes de la présidence sénégalaise.

Je me suis cependant fait un nouvel ami durant ces mois passés à la Sofremi, le commissaire divisionnaire Jacques Doucet. Lorsque ce dernier est parti à la retraite, en décembre 1991, il m'a proposé de le suivre dans un groupe de sécurité privée en cours de constitution. Le départ de mon collègue de bureau, poussé vers la sortie, m'avait véritablement affecté. J'ai accepté cette main tendue.

18

Accusé de meurtre

À l'automne 1989, un grand hebdomadaire de l'époque, *L'Événement du jeudi*, publie sous la signature du journaliste d'investigation Jacques Derogy une grande enquête au sujet d'une demi-douzaine d'enquêtes criminelles non résolues. L'un des articles revient sur l'assassinat de Pierre Goldman, militant d'extrême gauche évoluant aux lisières du banditisme, tué par balles dix ans plus tôt, le 20 septembre 1979, dans le 13e arrondissement de Paris. Parmi les pistes évoquées apparaît celle d'un inspecteur de la DST nommé Lucas. À cette époque, nous n'étions que trois Lucat au service : un chauffeur qui ne pouvait être soupçonné, un inspecteur qui était récemment mort d'un cancer, et moi.

Ces accusations n'étaient pas bénignes, d'autant plus que des collègues avaient déjà laissé entendre que j'aurais participé à des braquages pour le compte de l'extrême droite. Par l'entremise d'un avocat, je prends contact avec le journaliste, qui accepte de me recevoir. Dans un petit café du quartier de l'Odéon, j'exprime ma surprise de me voir impliqué dans un tel crime. Il me connaissait de réputation, ayant lui-même été approché par Bernard Jégat à propos des Irlandais de Vincennes, et je pense avoir réussi à le convaincre que je n'étais pour rien dans le meurtre de cette figure de proue de la fougue révolutionnaire des années 1970.

L'important pour moi était de savoir qui avait pu communiquer une telle information au journal, et dans quel but. Il concède qu'il s'agit d'un important dirigeant policier en poste dans le sud de la France. Je lui cite les noms de quelques commissaires des Renseignements généraux assez vicieux pour agir ainsi. Il finit par me confier que la source n'est autre qu'un haut gradé travaillant alors à la direction régionale des Renseignements généraux basée à Marseille. J'apprends que ce policier s'est lâché auprès de journalistes en marge d'un congrès du RPR organisé à Cannes. Comme le cas de Pierre Goldman a surgi dans la conversation, il a cité mon nom.

Les journalistes ont pour habitude de cacher leurs sources, mais Jacques Derogy, éminent professionnel, se doutait que la mention de mon nom relevait d'une sale manœuvre dont la finalité pouvait être de mettre ma vie en danger. Le mal était fait, et c'était sûrement le but, qu'il s'agisse d'une vengeance après la fuite de Dominique Erulin ou que ce collègue croie sincèrement à mon implication dans ce meurtre. Malgré le démenti publié deux semaines plus tard dans *L'Événement du jeudi*, le bruit de ma participation à cette affaire a persisté et a nourri mon dossier à la DST.

Le premier livre à avoir évoqué l'assassinat de Pierre Goldman est celui du commissaire divisionnaire Lucien Aimé-Blanc, un grand flic de la PJ que je n'ai rencontré qu'une fois, alors qu'il souhaitait exporter un révolver pour l'offrir au ministre de l'Intérieur du pays africain où il était affecté. J'avais réglé quelques détails administratifs. Ce policier avait un indicateur privilégié, Jean-Pierre Maïone-Libaude, qui a fini assassiné par des voyous persuadés qu'il les avait « balancés ». Un jour, passant avec le commissaire dans la rue où avait été exécutée une autre figure de l'extrême gauche, Henri Curiel, Maïone-Libaude avait lâché :

« C'est là qu'on a buté Curiel. » Dans le même élan, il avait confié au commissaire avoir participé à l'élimination de Pierre Goldman, main dans la main avec des voyous au service des GAL (groupes antiterroristes de libération), ces groupes d'action montés à l'instigation des services espagnols pour éliminer des militants de la cause séparatiste basque sur le territoire français et espagnol.

Lucien Aimé-Blanc en avait déduit que les assassinats de Goldman et de Curiel, qui était détesté par tous les dictateurs de la planète, étaient liés. Tant qu'à faire, il avait ajouté à la série l'exécution d'un personnage proche de l'extrême droite, François Duprat. Une conclusion à mon sens un peu hâtive : sauf étonnante coïncidence, il était difficile d'imaginer que les commanditaires de ces trois meurtres aient eu recours à la même équipe de tueurs. Une certitude cependant : une phrase a bien été prononcée en espagnol sur les lieux de l'exécution de Goldman : « *Por aqui, hombre !* » (« Par ici, mec ! »).

Le livre suivant m'a posé plus de problèmes. Il était consacré à la vie d'un parachutiste qui s'était battu pendant la guerre du Liban au côté des phalanges chrétiennes. Mercenaire à ses heures, il s'était répandu, de son vivant, sur le fait qu'il avait été impliqué dans l'assassinat de Pierre Goldman, donnant force détails et mentionnant la présence, à la tête du commando, d'un inspecteur de la DST. En effet, il a été dit qu'un collègue de la DST était présent sur les lieux de l'assassinat.

S'il y avait le moindre doute me concernant, il y a bien longtemps que j'aurais été convoqué devant une autorité de police ou un magistrat, ce qui, encore une fois, ne s'est jamais produit. Je sais cependant que certains collègues pensent que j'ai été mêlé à cet assassinat. L'un d'eux, le commissaire Jean Baklouti, est même sorti du bois à l'occasion de la publication de ce livre. Jamais, a-t-il expliqué au quotidien *Libération*, un commissaire de la DST n'aurait pu être impliqué dans ce genre d'affaires. Il n'en était pas de même des inspecteurs. D'ailleurs, deux d'entre eux, engagés politiquement, avaient quitté le service. Ces déclarations n'ont pas arrangé mes affaires, d'autant que le commissaire a fini par publier lui aussi un livre pour régler ses comptes[1]. Il y cite les noms des deux policiers sulfureux, dont je ne faisais heureusement

---

1. Jean Baklouti, *Grandeur et servitudes policières. La vie d'un flic*, Éditions Bénévent, 2011.

pas partie. Celui d'un inspecteur très vite renvoyé de la police tant il rendait imprudemment service à ses amis, et un second qui ne me disait rien.

Cela n'a pas empêché un de mes camarades de la DST de me suggérer, il y a quelques années, que j'avais « le bon profil pour ça ». Je me demande toujours pourquoi mon nom a été jeté en pâture. Je sais que la source de Jacques Derogy avait suivi de près la chasse menée pour coincer Dominique Erulin, mais s'il avait eu le moindre élément tangible à mon sujet, il l'aurait transmis à la PJ. S'est-il laissé manipuler par un indicateur ? Était-ce une simple vengeance consécutive au fait qu'Erulin avait déjoué tous les pièges ? Cette légende n'a pas été sans influence sur le fait que plusieurs membres de la cellule élyséenne se soient persuadés que Dominique avait le projet d'assassiner François Mitterrand avec mon aide.

J'ai rencontré le capitaine Barril, bras droit de Prouteau, à deux reprises. J'ai toujours ressenti de la sympathie pour ce gendarme hors normes, mais aussi une grande méfiance pour le caractère hautement fantaisiste de l'individu. En ce qui concerne Christian Prouteau, je n'ai pas les mêmes sentiments. Je ne peux pas oublier que lorsqu'il a fait le point sur la situation de Dominique Erulin devant le président de la République, il lui aurait proposé purement et simplement l'élimination physique de mon ami.

J'ai ensuite été approché par un journaliste qui souhaitait évoquer avec moi l'assassinat de François Duprat, sur lequel il préparait un ouvrage. L'un de ses contacts lui avait suggéré mon nom, ajoutant que j'étais un spécialiste de l'extrême droite des années 1970 et que j'aurais beaucoup de choses à lui apprendre sur le sujet. Au bout de vingt minutes d'entretien, j'ai compris qui l'avait mis sur ma piste : un ancien collègue qui ne me voulait pas que du bien et qui avait la vengeance mesquine. La vie, quoi.

Lorsqu'un mec d'extrême droite devient fou, il se prend généralement pour un agent secret, alors que le mec d'extrême gauche, lui, se prend plutôt pour un ouvrier, selon la maxime élaborée par l'un de mes plus proches camarades. Duprat avait-il succombé à la fascination pour le renseignement ? Ce journaliste enquêtait sur la nature des relations que Duprat, n° 2 du Front national, entretenait avec la DST. Je lui ai expliqué que mon ancien service était dans sa mission et que cet homme souhaitait, à l'époque, aider les services de renseignement de son pays. En tant que personnage politique, il ne me paraissait pas anormal qu'il ait été traité par les Renseignements généraux de la préfecture de police. Eux aussi étaient dans leur mission, celle de sonder la classe politique pour informer le gouvernement. La seule question était de savoir si Duprat informait le chef du Front national, Jean-Marie Le Pen, de ces contacts, et je n'avais pas la réponse à ce sujet.

Je n'ai jamais rencontré François Duprat de ma vie, ce dont mon interlocuteur semblait douter. En lisant son livre, j'ai compris qu'il considérait que j'étais le, ou l'un des policiers qui traitaient cet informateur à la DST. Non seulement c'était faux, mais c'était invraisemblable : on ne confiait pas un tel rôle à un jeune inspecteur, mais à un fonctionnaire confirmé, et plutôt à un commissaire. De plus, son profil ne cadrait pas avec mes missions au sein du contre-espionnage, ni avec mes activités au sein de la division antiterroriste.

Contrairement à ce que certains racontent, je n'ai jamais traité de sources liées à l'extrême droite et n'ai même jamais travaillé sur le sujet. Certains collègues des RG qui ont prétendu le contraire l'ont fait, selon moi, pour se venger du rôle que j'ai joué dans l'exfiltration de Dominique Erulin. Ce sont les mêmes qui ont soutenu que je projetais un attentat contre le président de la République, François Mitterrand. Des manœuvres stupides qui, ajoutées aux trahisons de certains de mes camarades au sein d'un mouvement politique, ont finalement eu pour moi un effet des plus bénéfiques, puisque j'ai pris la décision de couper tout contact avec cette mouvance.

19

Le procès de Dominique Erulin

La situation de Dominique Erulin se dégrade brusquement à l'automne 1994. L'accident se produit alors qu'il participait, en tant que chef des forces spéciales paraguayennes, à des manœuvres communes avec la puissante armée brésilienne. Lors d'une opération aéroportée, il est confronté à un dysfonctionnement de son parachute. Il s'en sort avec une blessure sérieuse à la colonne vertébrale. Le retour à Asuncion par la route n'a pas arrangé son état. Heureusement qu'une infirmière française était encore à ses côtés, car Dominique était pratiquement invalide.

Les autorités françaises avaient émis un mandat d'arrêt international à son encontre, mais la justice paraguayenne ne voulait rien savoir. Je ne suis pas le seul à essayer de le convaincre de normaliser sa situation. Ses avocats le pressent eux aussi de rentrer en France, ce qu'il finit par accepter au début de l'année 1995. Il est directement conduit à l'hôpital de la prison de Fresnes, où il est opéré, et, après quelques semaines de prison et une entrevue avec un juge d'instruction, il est libéré en attendant son procès.

Pendant trois mois, Dominique réside chez moi. Nous avons aménagé la salle de séjour en fonction de ses handicaps. Soigné par plusieurs amis médecins, il reprend très vite le dessus, suffisamment pour que je le conduise à Lyon en voiture, où il s'installe avec la jeune infirmière, revenue du Paraguay avec lui et animée de très grandes qualités humaines.

Mon témoignage devant la cour d'assises de Paris me permet de tourner enfin la page de cette affaire. Dominique apparaissait dans cinq dossiers, mais au fil des années, quatre non-lieux ont été prononcés, ce qui montrait bien l'inanité des poursuites qui le visaient. Il n'en reste qu'un : sa présumée participation à une attaque à main armée commise à Paris en octobre 1981. L'affaire est délicate dans la mesure où des membres du commando impliqués dans l'action ont affirmé que Dominique Erulin et

Ante Gotovina faisaient partie de l'équipe. L'un des accusateurs est décédé, le second s'est rétracté et a décidé de ne pas se présenter au procès. Dominique a par ailleurs déjà été condamné dans cette affaire à vingt ans de prison par contumace.

Je me trouve dans la salle des témoins lorsque les gendarmes sont entendus au titre de l'accusation. Je suis le dernier à être appelé à la barre, après un neveu de Dominique, cité comme témoin de moralité. Je dresse un historique de mes relations avec Dominique, puis j'entre dans le vif du sujet. J'ai personnellement mené des investigations sur cette affaire, qui m'ont amené à découvrir des faits que la justice n'a jamais voulu prendre en compte. Dominique avait beau répéter au juge d'instruction que j'avais des choses à lui révéler, il n'avait pas estimé nécessaire de me convoquer.

Peu après le départ de Dominique, j'avais fait le tour des personnes susceptibles de détenir des informations. Dans l'hypothèse où lui et Ante n'avaient pas participé à l'attaque, il fallait trouver les deux personnes qui y étaient mêlées. Je m'étais également mis en quête du nom de celui qui avait « donné » l'affaire, sachant que les truands ne montent jamais un tel coup sans disposer d'informations provenant de l'intérieur, en l'occurrence le domicile d'un commerçant en coffres-forts, dont certains étaient bien remplis – le butin aurait été évalué à 20 millions de francs. Les quatre agresseurs s'étaient fait ouvrir la porte de la victime grâce à une jeune femme qui s'était présentée pour livrer un gros bouquet de fleurs.

Il m'avait fallu quelques coups de téléphone et un échange avec un indicateur pour remonter jusqu'à un curieux personnage. Travaillant dans le milieu de la sécurité, il se faisait appeler Coco et travaillait également dans un cabaret. Il me semble qu'il était membre des équipes de Dominique. Il était cité dans un livre très bien fait, écrit par un journaliste de *L'Humanité* qui décrivait ses activités de barbouze.

Par le biais d'un autre indicateur, j'avais appris que le fabricant de coffres-forts utilisait des services de déménageurs à leur compte pour livrer les coffres neufs et rapatrier dans les ateliers les coffres défectueux. Coco semblait faire partie du personnel temporaire de cette entreprise. Il n'a néanmoins jamais été identifié comme suspect potentiel, alors que dans ce genre de cas, pour moi, on s'intéresse forcément au personnel, aux anciens comme aux intérimaires. Il semblerait que ces vérifications n'aient pourtant pas été effectuées et il y a certainement une explication à cela.

En tout état de cause, j'ai pu obtenir le numéro de téléphone de l'homme en question, celui de l'endroit où il passait ses nuits. Lorsque j'ai fait identifier ledit numéro, je suis tombé sur une jeune fleuriste du 20e arrondissement de Paris. Je suis certain que mes collègues gendarmes avaient pensé à ces vérifications, mais elles n'ont pas été menées à bien selon moi car cet homme, j'en ai la conviction, était un indicateur des Renseignements généraux de la préfecture de police. Quelqu'un serait-il intervenu pour que l'indic' ne soit pas « mouillé » ?

Je raconte ces découvertes devant la cour d'assises. Les magistrats ne réagissent pas, mais ce n'est pas pour eux que je m'exprime. Je voulais faire comprendre aux jurés que cette affaire n'était pas aussi limpide qu'on le leur faisait croire. Cela a-t-il contribué à les ébranler ? Dominique, désormais âgé de plus de quatre-vingts ans, est finalement condamné à cinq ans de prison avec sursis, comme s'il avait fallu trouver une issue à toutes ces accusations, à mes yeux, cousues de fil blanc portées contre lui par la cellule élyséenne. François

Mitterrand décédé depuis plusieurs années, on pouvait enfin passer à autre chose.

Alors que le président de la cour d'assises s'était étonné qu'un policier comme moi ait pu entraver une enquête en cours, j'avais répondu sans détour : « J'ai désobéi. Quand des policiers et des gendarmes dévoyés utilisent des moyens de l'État pour monter une cabale, je me mets en travers du dispositif. »

20

Le renseignement humain est un art de haute voltige

Le traitement des sources humaines est au cœur du renseignement. C'est la seule manière d'être vraiment au centre de la réalité. Et ce malgré tous les avantages que peut représenter le fait de pouvoir pénétrer dans les ordinateurs et les téléphones de tout le monde. Certains rechignent car c'est difficile et risqué, mais à la fin, c'est toujours la police qui gagne, car elle a le temps pour elle. Si ce n'est pas le cas, c'est que quelque chose a dysfonctionné dans le traitement de l'informateur. Mais il y a quelques règles à respecter.

La première, c'est qu'un agent en charge du renseignement doit être cultivé, qu'il doit impérativement lire et se documenter pour arriver en bonne position intellectuelle face à sa source. Lorsque l'on veut recruter dans un milieu précis, il faut le connaître un minimum. Dans l'univers du terrorisme, on ne tombe pas que sur des abrutis. Il y a aussi des gens intelligents et cultivés qui connaissent l'histoire de leur peuple. Si on en ignore tout, on a peu de chances de leur inspirer confiance, voire un peu de sympathie, ce qui est indispensable pour les amener à se confier.

La deuxième, c'est qu'il faut toujours rester sur ses gardes, se demander régulièrement qui manipule qui, et ne jamais perdre de vue que les gens qui se savent écoutés peuvent en profiter pour intoxiquer ceux qui les surveillent. Recruter une source n'est pas donné à tout le monde. Outre une culture générale étendue, il faut une solide expérience de police, de bonnes bases en matière de psychologie humaine et, parfois, des connaissances linguistiques particulières.

La troisième, c'est la maîtrise du temps et la souplesse. Le recrutement est un travail de longue haleine, parfois rebutant. Il faut savoir faire parler les personnes qui passent entre nos mains et détecter celui qu'il faut sauver avant la case prison pour le récupérer et le recruter plus tard. C'est plus facile dans le contre-espionnage et l'antiterrorisme qu'avec certains clients de la PJ. Il faut

« tamponner » beaucoup, pour recruter un peu, explorer l'entourage et les habitudes de la personne. Cela nécessite une véritable opiniâtreté. Et un vrai sens de l'adaptation.

J'ajouterai qu'on ne recrute pas toujours sous la menace. Les néophytes seraient même étonnés de découvrir les liens qui peuvent se créer entre un policier et une personne qui est interrogée pendant des heures et des heures.

Nous avions à l'époque quelques petits pouvoirs, comme celui d'obtenir des titres de séjour pour les étrangers qui travaillaient pour nous. S'il le fallait, on attribuait des cartes à toute la famille, avec la certitude de fidéliser notre source. Jusqu'au début des années 1980, cette fluidité nous a grandement facilité la tâche. Par la suite, les règles se sont compliquées. Maintenant, chaque demande doit passer par le cabinet du préfet de police. Le début des ennuis.

La gestion des informateurs n'a cessé de se complexifier. À force de vouloir tout contrôler, les magistrats ont découragé plus d'un policier. Les gens veulent faire leur boulot, mais ils redoutent désormais de se faire flinguer par leur propre administration, ce qui est un comble. En face, nos adversaires se frottent les mains.

Je crains que le recours aux moyens techniques ne soit aujourd'hui, pour certains, le choix de la facilité. Tout avoir sur son écran, sans bouger de son bureau ni prendre des risques, c'est tentant. Mais cela a ses limites. Ce n'était pas ma façon de faire et visiblement, mes chefs étaient plutôt satisfaits de mes contributions. Ils auraient pu m'écarter plus tôt, mais ils ont choisi de me défendre. Il était préférable, à leurs yeux, que je reste dans la *famille*. S'il fallait rendre des services à un ministre, par exemple passer au fichier les candidats du parti au pouvoir, je m'en occupais le plus discrètement possible.

Les choix faits par nos gouvernements ces vingt dernières années en matière de renseignement et de police n'ont pas été toujours heureux. En imposant un avocat en garde à vue, on a largement amoindri l'intérêt de l'interrogatoire. Pour moi, ce bâton dans les roues est forcément un frein à la résolution des affaires. Même chose pour l'article 40 du code de procédure pénale, qui oblige le policier à transmettre à la justice le moindre fait suspect dont il est au courant. Si je l'avais respecté à la lettre, jamais je n'aurais pu laisser dans la nature un informateur ayant quelque chose à se reprocher, en attendant qu'il me livre un plus gros poisson. Certains de mes collègues appliquaient la règle pour se couvrir, j'ai privilégié l'efficacité.

La fusion des Renseignements généraux avec la DST, décidée par Nicolas Sarkozy, n'était selon moi pas nécessaire. Il y avait peut-être des doublons entre les deux services, mais on aurait pu s'en tenir à des ajustements. Lorsque je m'occupais du terrorisme arménien, une partie de la menace venait de Beyrouth et relevait de la DST, tandis que les RG avaient l'œil sur la communauté arménienne installée en France. Mais le pouvoir politique a décidé de casser les Renseignements généraux, institution très ancienne et essentielle pour le gouvernement et les préfets soucieux de « sentir » ce qui se passait dans le pays. Il y avait de vrais spécialistes dans ce domaine et toute une tradition qui a été sacrifiée. Comme on a bien senti qu'il y avait un trou quelque part, on a créé la Sous-direction de l'information générale (SDIG), puis le Service central du renseignement territorial (SCRT), sans jamais restaurer le maillage et le savoir-faire précédents, du moins jusqu'à présent, ai-je cru comprendre.

Je ne suis cependant pas de ceux qui appuient la thèse d'un aveuglement de nos services face à la montée du terrorisme. Il y a eu un peu de retard à l'heure d'assimiler le caractère hybride des nouveaux acteurs, souvent des personnages évoluant à la limite de la politique, de la religion et de la criminalité. Ce glissement avait été signalé par divers criminologues, mais les services chargés de la lutte antiterroriste ne l'ont pas tout de suite compris.

Il y aura toujours des individus difficiles à détecter avant leur passage à l'acte et l'on aura encore des assassinats à déplorer, malheureusement. Le drame, c'est quand ces meurtriers sont déjà connus de la police et de la justice et qu'ils n'auraient jamais dû se trouver en liberté ou sur le territoire français. Mais c'est une autre histoire qui n'est pas seulement du ressort de la police.

À mon sens, il y a sans doute un très gros travail à faire auprès des autorités religieuses musulmanes. C'est de chez elles que doivent venir les moyens d'empêcher certains excités de se précipiter sur les gens pour les poignarder. Le général Sissi, homme fort de l'Égypte, a un jour délivré ce message aux autorités religieuses de l'université al-Azhar : ce sont à eux de maîtriser leurs ouailles.

Le vrai danger qui guette la France, selon moi, c'est moins le terrorisme lui-même que l'entrisme des Frères musulmans, qui ont un vrai projet politique et œuvrent à une forme de sécession de la communauté musulmane en France. L'autre menace, moins visible, est celle que fait peser sur notre société la grande criminalité internationale. Si le danger terroriste est évalué à peu près correctement, les mafias sont de plus en plus puissantes et s'implantent sur notre territoire, notamment dans le sud de la France.

Les mafias aiment la tranquillité pour mener leurs affaires. Le fait qu'on en parle peu ne signifie pas qu'elles ne travaillent pas. Elles drainent d'énormes quantités d'argent provenant de leurs trafics : la drogue, bien sûr, mais aussi le trafic d'êtres humains, les armes et l'immigration illégale. Ces masses de billets leur donnent des possibilités de corruption illimitées, et il n'y a aucune illusion à se faire sur leurs capacités à infiltrer nos administrations et les appareils politiques. Un tout autre défi en matière de sources humaines, les repentis se faisant assez rares, notamment en France, où le cadre légal n'est guère motivant pour ceux qui veulent tourner casaque et se ranger du côté de l'État.

Longtemps, nous avons pu nous accommoder de la loi, l'essentiel étant de rédiger des procès-verbaux assez solides pour que les avocats ne puissent pas les démonter. La période qui a marqué le passage du franc à l'euro a montré ce dont nous étions capables en cas de besoin. Alors que des montagnes de billets allaient se promener sur tout le territoire, un nombre conséquent de braqueurs a été mis en prison pour trois ou quatre mois. Les dossiers n'étant pas toujours bien remplis, on les a rapidement libérés.

À mes yeux, il y a toujours une façon de lire le droit, par exemple en évoquant la préparation de moyens en vue de commettre un hold-up. En l'occurrence, la cause était bonne et l'on a sans doute évité quelques braquages de fourgons blindés.

Le voyou est programmé pour faire le voyou, les services de l'État, eux, sont là pour protéger la République et les citoyens. Il est préférable, à mes yeux, de tordre un peu l'État de droit plutôt que de partir battus, notamment face au trafic de drogue, une criminalité transnationale dont les acteurs se débrouillent pour être intouchables. Dans certains cas, je considère même qu'une opération homo peut être une bonne solution, notamment face au terrorisme.

Pour autant, contrairement aux accusations qui ont été portées contre moi, je n'ai jamais tué personne. Ma hiérarchie m'aurait missionné pour ce genre de mission, j'aurais d'abord posé deux questions : qui ? pourquoi ? Le fait d'ordonner l'assassinat de quelqu'un, en France, est d'abord une décision politique qui incombe à la Présidence. À la DST, mon boulot consistait à détecter les individus dangereux et à rendre compte. J'ai sorti mon arme une cinquantaine de fois dans ma carrière, pour la brandir devant celui que je devais interpeller, le doigt le long sur la détente de mon revolver MR 73, mais je n'ai jamais eu à tirer.

« Jeannot, ne bouge plus »

J'ai quitté la police avec le grade d'inspecteur divisionnaire et suffisamment d'expérience pour ouvrir, en 1997, mon propre cabinet de détective privé. Du service de l'État, je suis passé au service des clients.

Pas de sources, ni d'indics, mais les ressources ne manquent pas. La disparition progressive du papier au profit des documents informatiques a peu à peu rendu cette vieille technique obsolète, mais l'observation du contenu des poubelles s'est longtemps avérée très productive. Il fallait d'abord faire quelques planques pour repérer les jours et les heures de passage des éboueurs, puis vérifier à quel moment les poubelles étaient sorties. Il suffisait ensuite d'aller chercher les sacs, de les mettre dans le coffre d'une voiture et de rouler jusqu'à un endroit choisi à l'avance pour les étudier avec toutes les précautions hygiéniques qui s'imposaient.

Ramasser les poubelles sur la voie publique n'était en aucune façon quelque chose de délictueux. La seule difficulté était de repérer la bonne poubelle, surtout lorsque l'entreprise était domiciliée dans une tour où les employés sortaient chaque soir plusieurs gros conteneurs.

La meilleure période a été celle des disquettes informatiques, car beaucoup de personnes les jetaient sans les neutraliser. J'ai pu mettre la main sur des comptabilités, des archives, des courriers et bien d'autres choses. C'est ainsi que j'ai découvert au profit de mon client qu'une respectable revue intellectuelle donnait aussi dans l'édition de revues pornographiques.

Il y avait plus vicieux encore. Lorsqu'une entreprise me demandait d'évaluer l'état des risques et des menaces qui pesaient sur elle, généralement lorsqu'elle était engagée dans des manœuvres financières de type fusion-acquisition dans un environnement très concurrentiel, je prenais toujours la précaution de faire réaliser quelques planques et à deux ou trois reprises, j'ai pu constater qu'une équipe concurrente pratiquait ce genre de sport en ciblant les poubelles de mon client.

En pareil cas, je n'intervenais surtout pas, mais je prévenais mon client qui rédigeait alors des brouillons de courriers destinés à intoxiquer l'adversaire. Je mettais ces papiers dans les poubelles et vérifiais que cela partait bien dans la bonne direction. Comme au temps de la guerre froide et de son intoxication permanente.

En juillet 2006, à Nice, je me suis retrouvé au milieu d'une équipe composée d'anciens du Front national et de dissidents du MNR (tous persuadés qu'ils allaient un jour accéder au pouvoir), dans le cadre d'une mission de protection d'un milliardaire américain en voyage sur la Côte d'Azur.

L'époque était encore à une certaine souplesse et je pouvais demander à des membres de l'administration à peu près tous les renseignements dont j'avais besoin – je payais entre 1 000 et 2 000 euros le document. Certains flics en poste avaient l'esprit tellement tordu qu'ils ne se demandaient pas comment ils allaient boucler tel dossier, mais combien il pouvait leur rapporter s'ils étouffaient l'affaire, des dérives auxquelles a mis fin la commissaire divisionnaire Martine Monteil dès sa nomination. J'avais également un copain au sein de l'administration fiscale qui m'avait immatriculé comme source pour donner une apparence propre à nos contacts : je lui apportais des affaires et le rémunérais pour ses informations. Les détectives avaient en outre une vraie marge de manœuvre en matière d'écoutes téléphoniques. Jusqu'au jour où l'une de ces sociétés a eu le malheur de mener une enquête sur Cécilia Sarkozy, l'épouse de Nicolas. La réaction a été immédiate : ordre a été donné au sommet de l'État de « nettoyer toutes ces officines ».

J'avais la réputation d'un mec qui savait marcher entre les balles, mais le coup de balai promettait d'être sévère. Un de mes anciens patrons m'a aimablement alerté : « Jeannot, ne bouge plus, on va taper. »

Table des matières

CET OUVRAGE A ÉTÉ ACHEVÉ D'IMPRIMER SUR ROTO-PAGE
PAR L'IMPRIMERIE FLOCH À MAYENNE EN AVRIL 2024

N° d'impression : 104637
N° d'édition : P31559/01
Imprimé en France